W0286954

Fasten suppen
suppen Fasten

Impressum

Bildnachweis: James Bruce / the food passionates / Corbis: Coverbild
dreamstime.com: Seite 9, 36, 75, 94, 101, 121
iStockphoto.com: Seite 13, 23, 27, 39, 40, 47, 53, 59, 69, 73, 102, 103, 105, 106, 115, 116, 117, 120, 125
fotolia.de: Seite 6, 11, 15, 17, 19, 37 (und Umschlagklappen), 43, 45, 49, 51, 57, 61, 63, 67, 70, 77, 79, 81, 83, 85, 89, 96, 107, 108, 114, 123, 124
Martin Vukovits: Autorenfoto Umschlagseite hinten

Impressum:

ISBN: 978-3-7088-0573-3

Lobkowitzplatz 1
A-1010 Wien
www.kneippverlag.com
www.facebook.com/KneippVerlagWien

Autorin: Tanja Braune
Lektorat: Anke Weber
Cover und Layout: Oskar Kubinecz
Druck: Theiss GmbH, A-9431 St. Stefan

1. Auflage, Januar 2014

Tanja Braune

Fasten Suppen
Suppen Fasten

55 Genuss-Suppen für die Top-Figur

kneipp verlag
WIEN

Inhalt

Suppen mit Fisch, Fleisch & Geflügel

Vital, gesund und schlank mit Suppenfasten

Wer abnehmen will, muss essen – nicht hungern. Das klingt zwar paradox, ist aber so. Denn jede drastische Kalorienreduktion wertet der Körper als einen Angriff auf seine Existenz und reagiert darauf so, wie es seit Anbeginn der Menschheit bei Hungersnöten üblich war: Die Körperwärme wird reduziert und der Stoffwechsel auf ein Minimum gedrosselt. Der ganze Organismus wird auf Sparflamme gedreht und jede Kalorie wird möglichst effizient verwertet. Wenn aber die Hungersnot noch länger dauert, werden die „energiefressenden" Muskeln sukzessive abgebaut – was fatale Folgen hat. Denn: Je weniger Muskulatur, desto weniger Grundumsatz. Das führt dazu, dass das Abnehmen immer schwieriger und schwieriger wird.

Isst man dann wieder normal, traut der Körper dem neuen Glück nicht. Er bildet immer neue Fettzellen und füllt diese, um sich für einen erneuten Notfall zu rüsten. Das ist der berüchtigte Jo-Jo-Effekt. So traurig es auch klingt, dieser Mechanismus macht durchaus Sinn und hat unsere Vorfahren vor dem Aussterben gerettet. In unserer heutigen Überfluss-Gesellschaft ist er allerdings der Grund für die weltweite Übergewichtspandemie. In Zahlen: Weltweit sind mehr als 200 Millionen Männer und fast 300 Millionen Frauen adipös. Und die Menschheit wird immer dicker: Seit 1980 hat sich die Zahl fettleibiger Menschen mehr als verdoppelt.

In Deutschland sind im Durchschnitt 67 Prozent der Männer und 53 Prozent der Frauen zu dick, 23 Prozent der Männer und 24 Prozent der Frauen gelten davon als stark übergewichtig bis adipös. In Österreich ist etwa jeder Fünfte adipös und hat einen **Body-Mass-Index (BMI)** von mehr als 30. Und das obwohl aktuelle Umfragen zeigen, dass 82 Prozent der über 16-Jährigen mindestens einen Diätversuch in den letzten zwei Jahren gemacht haben.

Machen Diäten also dick? Das Prinzip des Mangels findet sich natürlich in sämtlichen Diäten (altgriechisch „díaita" für „Lebensweise"), die der Reduzierung des Körpergewichts dienen. Doch starre Regeln und teilweise gesundheitsschädigende Crash-Diäten, die kein Mensch langfristig einhalten kann, lassen die meisten Menschen irgendwann zu Diätversagern werden. Das bringt nicht nur Frust, sondern irgendwann geht auch das Gefühl für den eigenen Körper verloren: Man wird immer dicker und immer unglücklicher – und schlussendlich auch kränker. Doch das muss nicht sein. Mit der richtigen Strategie lassen sich Genuss und Gesundheit, Figur und Freude ganz wunderbar vereinen.

Als erster großer Stoffwechsel-Booster und -Motivator hat sich das Fasten bewährt. Ob Buchinger, Kneipp oder F. X. Mayr – das Heilfasten ist wohltuend für Körper und Seele und bringt teilweise unglaubliche Erfolge. Für die Gesundheit genauso wie für die Figur! Doch diese Trinkkuren sind hart, sollten stets unter ärztlicher Aufsicht erfolgen und sind eigentlich in den normalen (Berufs-)Alltag kaum bis gar nicht zu integrieren.

Fasten kann aber auch anders gehen: Suppenfasten ist eine gesunde und angesagte Weiterentwicklung, die neben Familie und Arbeit funktioniert, schnell geht, effektiv ist und zudem wunderbar schmeckt. Sie fasten mit Suppen, die den Stoffwechsel entsäuern, die ersten Kilos recht rasch eliminieren und den Organismus für die langfristige Ernährungsumstellung vorbereiten. Bei dieser Fastenkur light gibt es täglich ein gutes Frühstück und leckere Fatburner-Drinks, viel Wasser und Bewegung und mittags und abends eine gute Suppe – ganz nach Lust und Laune! Einen Muster-Plan gibt es auf Seite 28.

Das Suppenfasten ist der ideale Impuls für den Einstieg in eine figurbewusste Ernährung. Das Gute daran: Suppen machen satt und liefern mit wenigen Kalorien alle wichtigen Nährstoffe. So bleiben Sie leistungsfähig, gut gelaunt und gesund – und haben keinen Heißhunger. Wählen Sie aus den 55 Rezepten Ihre Favoriten aus, kochen Sie sie am Vortag vor und wärmen Sie sie dann nur auf und genießen Sie sie.

Sie werden sehen, schon ab dem zweiten, dritten Fastentag werden die Fettpölsterchen schrumpfen – desto mehr und desto schneller, je mehr Sie sich in der Zeit bewegen. Aber nicht nur das: Sie werden sich bald auch vitaler, gelassener, glücklicher und jünger fühlen.

Wichtig beim Suppenfasten ist, dass Sie die Suppen möglichst frisch zubereiten und keine Dosen- oder Fertigsuppen verwenden. Denn diese Suppen enthalten meist viel zu viel Salz, Zucker, Konservierungsstoffe und vieles mehr – und das tut weder der Figur noch der Gesundheit gut. Lesen Sie in diesem Buch, wie genussvolles und gesundes Suppenfasten funktioniert. In zwei Wochen sollten – natürlich je nach Startgewicht – etwa vier Kilos purzeln. Doch das ist nur der Beginn des neuen, schlanken Lebens! Um die verlorenen Pfunde nicht gleich wieder auf den Hüften zu haben, ist nach dem Suppenfasten die „Fettkiller-Strategie" angesagt – und wie schmackhaft und einfach das ist, lesen Sie ab Seite 96.

Sie essen weniger als alle anderen und nehmen dennoch kaum oder gar nichts ab? Ein Grund dafür kann eine Übersäuerung des Organismus sein. Denn der Mensch ist an sich ein basisches Wesen, das etwa zu 80 Prozent aus Basen und zu 20 Prozent aus Säuren besteht. Dieses Verhältnis ist unter anderem Voraussetzung für die unzähligen Stoffwechselvorgänge in unserem Organismus. Doch einseitige, eiweißreiche Ernährung, Kaffee, Zucker, Alkohol und vieles andere sorgen für mehr und mehr Säuren im Organismus. Das körpereigene Puffersystem versucht das auszugleichen und schleust Basen aus dem eigenen System ein – die fehlen dann allerdings für lebenswichtige Stoffwechselprozesse. Der saure Großangriff zeigt sich unter anderem in Müdigkeit, Sodbrennen, schlechter Haut, brüchigen Nägeln, Cellulite und Übergewicht. Um schlank, vital und leistungsfähig zu bleiben, sollten Sie also basische Lebensmittel bevorzugen. Im Internet finden Sie zahlreiche Listen, zum Beispiel auf www.zentrum-der-gesundheit.de/saure-und-basische-lebensmittel.html. Wer seinen ph-Wert genau wissen will, kann das ganz einfach mit einem ph-Indikator-Stäbchen im Morgenurin testen. Zusätzlich zur basischen Ernährung hilft auch die Einnahme von magensaftresistenten Basentabletten.

Das dicke Problem: Übergewicht!

Fettpölsterchen und Hüftgold sind nicht nur ein kosmetisches Problem, sondern bedrohen vor allem die Gesundheit. Etliche Krankheiten werden durch Übergewicht begünstigt und es steht außer Frage, dass Übergewicht und Fettleibigkeit zu einer Verkürzung der mittleren und maximalen Lebenserwartung führen.

Wobei der Maßstab für ein gesundes Körpergewicht natürlich deutlich zu unterscheiden ist von den Idealmaßen, die uns in Heidi Klums TV-Show präsentiert werden. Die gängigste Maßeinheit für die Gewichtskontrolle ist der **Body-Mass-Index (BMI)**, der aus Körpergewicht und Körpergröße berechnet wird. Wobei dieser Wert nur ein grober Richtwert ist, da er weder Statur und Geschlecht noch die individuelle Zusammensetzung der Körpermasse aus Fett- und Muskelgewebe berücksichtigt.

BMI = Körpergewicht in kg: (Größe in m)^2

Der BMI darf daher nicht überbewertet werden. Er gilt heutzutage vorwiegend als statistische Größe. Zur Analyse des individuellen Wohlfühl- und Gesundheitsgewichts ist er eher ungeeignet. Schließlich hätte auch niemand Arnold Schwarzenegger einst als übergewichtig bezeichnet, obwohl er als Mr. Olympia einen BMI von 31,5 hatte.

Das dicke Problem: Übergewicht!

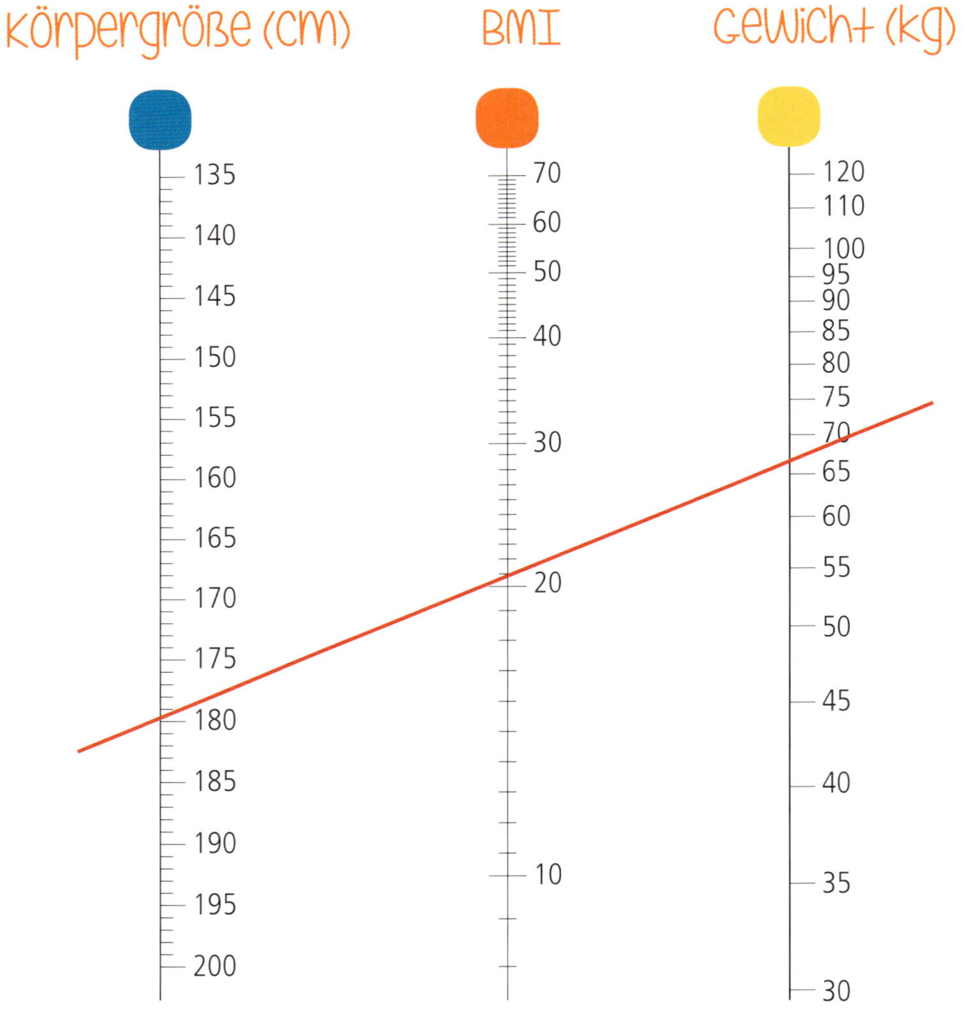

Ermitteln Sie Ihren BMI, indem Sie ein Lineal auf der linken Seite auf den Wert Ihrer Körpergröße und auf der rechten Seite auf Ihr momentanes Körpergewicht legen. In der Mitte können Sie dann, wie an der roten Linie beispielhaft illustriert, Ihren BMI ablesen.

Die Klassifizierung des BMI wird von der Weltgesundheitsorganisation (WHO) so festgelegt:

Für Frauen

Alter	Untergewicht	Normalgewicht	leichtes Übergewicht	Übergewicht
16–24	<18	19–24	25–28	>29
25–34	<19	20–25	26–29	>30
35–44	<20	21–26	27–30	>31
45–54	<21	22–27	28–31	>32
55–64	<22	23–28	29–32	>33
65–90	<23	24–29	30–33	>34

Für Männer

Alter	Untergewicht	Normalgewicht	leichtes Übergewicht	Übergewicht
16	<18	19–24	25–28	>29
17–24	<19	20–25	26–29	>30
25–34	<20	21–26	27–30	>31
35–44	<21	22–27	28–31	>32
45–54	<22	23–28	29–32	>33
55–64	<23	24–29	30–33	>34
65–90	<24	25–30	31–34	>35

Fett versus Muskeln

Die weitaus wesentlichere Aussage über die optische und gesundheitliche Situation des Körpers kann eine Körperfett-Waage (oder auch eine Körperfett-Zange) zeigen, denn sie bestimmt auch die Wasser-, Fett- und Muskelmasse im Körper. So haben etwa athletische Menschen ein relativ hohes Gewicht und wirken dennoch schlank, da Muskulatur ein höheres spezifisches Gewicht als Fett hat.

Als Grundregel gilt:
Frauen unter 25 Prozent Körperfettanteil
Männer unter 20 Prozent Körperfettanteil

Wer es genauer wissen will:

	Körperfettanteil bei Frauen			Körperfettanteil bei Männern		
Alter	gut	mittel	erhöht	gut	mittel	erhöht
20–24	22,1	25,0	29,6	14,9	19,0	23,3
25–29	22,0	25,4	29,8	16,5	20,3	24,3
30–34	22,7	26,4	30,5	18,0	21,5	25,2
35–39	24,0	27,7	31,5	19,3	22,6	26,1
40–44	25,6	29,3	32,8	20,5	23,6	26,9
45–49	27,3	30,9	34,1	21,5	24,5	27,6
50–59	29,7	33,1	36,2	22,7	25,6	28,7
>60	30,7	34,0	37,3	23,3	26,2	29,3

Bei starkem Übergewicht kann die Fettmasse auf über 50 Prozent ansteigen – je mehr Fett, desto dicker und ungesünder. Denn der Mensch hat zwischen 40 und 120 Milliarden mehr oder weniger gut gefüllte Fettzellen (Adipozyten). Diese Fettzellen sind zum einen kleine Energiespeicher für Notzeiten, zum anderen produzieren sie eine ganze Reihe von Stoffen: Hormone, Botenstoffe, aber auch Entzündungsstoffe (Zytokine) und viele andere Substanzen. Die Forschung konnte bislang mehr als 100 Stoffe identifizieren. Dabei ist klar: Je mehr Fettzellen, je besser gefüllte Fettzellen, desto mehr Stoffe werden produziert und langsam aber sicher wird der Organismus dann vom Fett regiert. Das kann teilweise fatale Folgen haben: Übergewicht, Bluthochdruck, Diabetes, Depression, Herz-Kreislauf-Erkrankungen …

Männer haben in der Regel weniger Fettgewebe und mehr Muskulatur als Frauen. Das ist der Grund, warum die meisten Männer auch leichter abnehmen. Denn der Energiebedarf des Organismus ist stark von der Muskelmasse abhängig: Je mehr Muskeln, desto mehr Kalorien dürfen es sein. Ziel jeder Diät sollte es daher sein, Muskelmasse aufzubauen und Fett abzubauen. Und das ist gar nicht so schwer: Für den Abbau von **einem Kilogramm Körperfett** müssen etwa **7000 Kilokalorien** eingespart werden. Der durchschnittliche Energieverbrauch liegt bei etwa 2000 Kilokalorien, das heißt, wenn Sie pro Tag 500 Kilokalorien weniger essen, sprich 1500 Kilokalorien zu sich nehmen, können Sie in 14 Tagen ein Kilogramm reines Fett eliminieren. Klingt doch durchaus machbar, oder? Diese einfache Rechnung zeigt im Übrigen auch, dass jene Crash-Diäten, die einen Gewichtsverlust von einem Kilogramm pro Tag versprechen, völlig unseriös sind – denn das, was da weniger wird, ist nicht nur Fett, sondern auch wertvolle Muskeln und vor allem Wasser.

Von Äpfeln und Birnen

In puncto Gesundheitsfigur ist aber noch eine Maßeinheit von großer Relevanz: der Bauch bzw. die Fettverteilung. Da unterscheidet man den Apfeltyp mit bauchbetonter Fettverteilung und den Birnentyp mit eher Hüft- bzw. Gesäßfett. Wissenschaftliche Studien haben gezeigt, dass bauchbetontes Übergewicht (Apfeltyp) ein viel höheres Risiko für Krankheiten bedeutet, weil die Fettdepots im Bauchraum und an den inneren Organen (viszerales Fett) anders zusammengesetzt sind als das Fett an Gesäß, Hüften und Oberschenkeln und auch stoffwechselaktiver sind. Dadurch werden viel mehr Fettsäuren produziert, was das Krankheitsrisiko teilweise signifikant erhöht.

Wer diese Einteilung nicht nur dem Blick in den Spiegel überlassen will, muss zum Maßband greifen und das sogenannte **Taille-Hüft-Verhältnis (waist to hip ratio = WHR)** feststellen. Dabei wird die Taille in Höhe des Nabels und die Hüfte an der dicksten Stelle gemessen.

WHR = Taillenumfang : Hüftumfang

Das Ergebnis sollte bei Männern kleiner oder gleich 1,0 und bei Frauen kleiner oder gleich 0,85 sein. Das bezeichnet man als Birnentyp. Je höher die Werte, desto höher das Risiko an Folgen von Übergewicht zu erkranken. Man spricht dann vom Apfeltyp. Übrigens: Umfragen haben gezeigt, dass Frauen besonders attraktiv auf Männer wirken, je näher ihr Wert bei 0,7 liegt.

Der letzte wichtige Wert in Sachen Gesundheit ist der Bauchumfang. Wissenschaftliche Studien haben bewiesen, dass er das Herzinfarktrisiko besser voraussagen kann als der BMI. Den Bauchumfang messen Sie, indem Sie seitlich der Weichteillücke zwischen der untersten Rippe und dem knöchernen Beckenoberrand tasten. An dieser Stelle legen Sie in gerader Linie das Maßband an, es liegt dann meist etwas oberhalb des Bauchnabels. Messen Sie zwischen zwei Atemzügen, das Band darf dabei ruhig eng am Körper anliegen, es soll aber nicht einschnüren. Frauen sollten am besten in der ersten Zyklushälfte messen. Bei einem Umfang von unter 79 Zentimetern bei Frauen und 94 Zentimetern bei Männern ist alles in Ordnung.

Klassifizierung des Bauchumfangs bei Erwachsenen (Quelle: WHO, NIH)

	Erhöhtes Risiko	Stark erhöhtes Risiko
Frauen	80–88 cm	>88 cm
Männer	94–102 cm	>102 cm

So trinken Sie sich schlank

Wasser ist der Hauptbestandteil unseres Körpers. Je nach Alter und Geschlecht macht der Wasseranteil des Körpers 50 bis 60 Prozent aus. Wasser hält unseren Stoffwechsel in Gang, sorgt für eine glatte Haut, gute Konzentrationsfähigkeit und mehr Lebensenergie. Ein Mangel macht das Blut dickflüssiger, die Zellen werden somit nicht mehr ausreichend mit allen notwendigen Nährstoffen versorgt und es kommt zu Kopfschmerzen, Konzentrationsstörungen, Müdigkeit, Gereiztheit etc. Außerdem macht Wasser schlank. Logisch, denn es ist völlig kalorienfrei. Wissenschaftler der Berliner Universitätsklinik Charité konnten eindeutig nachweisen, dass Wasser schlank macht, indem es den Stoffwechsel, genauer gesagt die Thermogenese, ankurbelt. Wer pro Tag zwei Liter Wasser trinkt, verbraucht rund 100 Kilokalorien extra. Besonders groß ist der Effekt, wenn das Wasser kalt ist, denn dann muss der Körper reichlich Wärme produzieren. Zudem füllt Wasser auch den Magen und reduziert das Hungergefühl. Man isst daher um bis zu 30 Prozent weniger, wenn man kurz vor der Mahlzeit ein großes Glas Wasser trinkt, wie Untersuchungen gezeigt haben.

Die Faustregel für ausreichendes Trinken lautet:
Pro Kilogramm Körpergewicht mindestens 20 ml Wasser täglich trinken.

6 Trinkregeln für die Figur

1 **Wasser** ist uneingeschränkt zu empfehlen. Am besten sind Leitungswasser oder stilles Mineralwasser; Wasser mit Kohlensäure liefert ein bisschen mehr Säure. Aber so oder so, grundsätzlich gilt: Wasser ist das beste Getränk!

2 **Säfte** schmecken gut und liefern dank ihres Zuckergehaltes schnelle Energie. Wichtig bei der Saftwahl ist: Immer nur direkt gepresste Säfte ohne extra Zuckerzusatz kaufen und immer üppig mit Wasser verdünnt trinken. Denn zu beachten ist: Apfelsaft hat z. B. etwa 45 Kilokalorien pro 100 ml. Übrigens: Gemüsesäfte haben nur etwa halb so viele Kalorien wie Fruchtsäfte, weil sie weniger Fruchtzucker enthalten.

3 **Kaffee und schwarzer Tee** dürfen – in Maßen – ruhig genossen werden. Ein Cappuccino eignet sich wunderbar als Ersatz für ein Dessert und hilft zudem der Verdauung und unterstützt den Stoffwechsel. Wer auf basische Ernährung Wert legt, sollte allerdings dem Kaffee abschwören oder wenigstens eine säurearme Mischung verwenden. Gut zu wissen: Ein normaler Kaffee mit Milch und Zucker hat etwa 74 Kilokalorien. Trinken Sie ihn dagegen schwarz, dann ist er quasi kalorienfrei.

4 **Alkohol** ist bei einer Diät natürlich kontraproduktiv, weil er nicht nur kalorienreich ist, sondern auch den Fettabbau behindert. Aber bei einer längerfristigen Diät müssen auch kleine Sünden erlaubt sein. Wenn Sie also schon Alkohol trinken, dann am besten einen trockenen Weißwein, der laut EU-Weinrecht höchstens neun Gramm Restzucker pro Liter enthalten darf. Und für Biertrinker gilt: Helles Pils, dunkles Bier und Weizenbier liegen so um die 40 Kilokalorien pro 100 ml, ein Doppelbockbier und Malzbier liefern 54 Kilokalorien. Alkoholfreies und -armes Bier sind die Getränke der Wahl, wenn es um die schlanke Linie geht: 25 Kilokalorien pro 100 ml.

5 **Kräuter-**, **Früchte-** oder **Gewürztees** sind – ungesüßt – uneingeschränkt zu empfehlen. Sie sind eine köstliche, kalorienfreie Alternative zu Wasser. Ein Tipp für lange Winterabende: 1/2 TL Kurkuma, 1/2 TL Zimt, 2 cm Ingwer mit 500 ml heißem Wasser aufgießen, einige Minuten ziehen lassen und mit einem Schuss Sojamilch und etwas Stevia genießen. Das schmeckt wunderbar, sorgt für wohlige Wärme und bringt das Fett zum Schmelzen.

6 **Versteckte Kalorien:** Achtung vor allen Softdrinks und anderen Zuckerwässerchen! Diese liefern teilweise sehr viele Kalorien. Ein Blick auf das Kleingedruckte ist hier dringend zu empfehlen – und wenn Sie schon Limonaden trinken, dann ist es ratsam, eher die Light- oder Zero-Varianten zu wählen. Selbst den neuen Stevia-Getränken wird aus unerfindlichen Gründen manchmal extrem viel Zucker beigemengt. Aber auch Smoothies, Milchshakes und die vermeintlich „gesunden" Molkegetränke und Wellness-Wässer liefern teilweise viel Zucker und andere Gifte für die Figur. Und an alle Red-Bull-Fans: In 250 ml stecken zehn Stück Würfelzucker!

Alkohol ist ein natürlicher Enzymstimulator, das heißt, er stimuliert das Enzym Aromatase, das männliche Hormone in weibliche Hormone wie das Östrogen umwandelt. Und Östrogene wiederum fördern den Anbau von Fett.

Bewegung:
Die besten Fatburner sind Muskeln

Richtig essen ist das eine, aber ohne ausreichend Bewegung werden die Fettpölsterchen trotzdem nur sehr, sehr langsam schrumpfen. Natürlich geht es auch ohne Sport, aber dann ist es viel schwieriger, auf eine negative Kalorienbilanz zu kommen. Denn im Prinzip ist Abnehmen ja eine simple Sache: Einfach weniger Kalorien aufnehmen, als der Organismus benötigt, bzw. mehr Kalorien verbrauchen, als er an Energie zu sich nimmt.

In die Berechnung des sogenannten Gesamtenergieumsatzes fließen zwei Parameter ein: Der Grundumsatz und ein Faktor, der den Grad der körperlichen Aktivität angibt. Als Grundumsatz versteht man jene Energiemenge, die der Körper im Ruhezustand benötigt und mit der der Körper seine Funktionen in Gang hält. Wer es ganz genau wissen möchte, muss seinen Grundumsatz von einem Facharzt (Spiroergometrie) messen lassen. Vereinfacht lässt sich der Grundumsatz folgendermaßen errechnen:

Bei Frauen: 7 x kg Körpergewicht + 700
Bei Männern: 10 x kg Körpergewicht + 900

Das heißt, eine Frau, die 60 Kilogramm wiegt, hat einen Grundumsatz von 1120 Kilokalorien pro Tag. Doch der Leistungsumsatz, das heißt, jene Energie, die der Körper innerhalb eines Tages benötigt, um ganze Arbeit leisten zu können, ist natürlich höher. Wer genaue Zahlen will, muss sie sich bei einem Facharzt errechnen lassen. Es gibt einige Formeln, bei denen man Grundumsatz und PAL-Wert (Indikator für individuelle Belastungen) mit allen möglichen Zahlen multiplizieren muss – das ist kompliziert. Wer will, kann im Internet auf einschlägigen Seiten seine individuelle Energiezufuhr berechnen.

Oder Sie halten sich an die durchschnittlichen Empfehlungen für die tägliche Energiezufuhr der Deutschen Gesellschaft für Ernährung e.V.

Alter	männlich	weiblich
15 bis unter 19 Jahre	3100 kcal	2500 kcal
19 bis unter 25 Jahre	3000 kcal	2400 kcal
25 bis unter 51 Jahre	2900 kcal	2300 kcal
51 bis unter 65 Jahre	2500 kcal	2000 kcal
über 65 Jahre	2300 kcal	1800 kcal

Die Werte gelten für Personen, die eine körperlich leichte berufliche Tätigkeit (Büroangestellte, Lehrer, Hausfrau/-mann …) ausüben.

Für andere Berufsgruppen sind folgende Zuschläge erforderlich:
Mittelschwerarbeiter (Maler, Schlosser, Gärtner …): ca. 600 kcal
Schwerarbeiter (Maurer, Leistungssportler, Masseur…): ca. 1200 kcal
Schwerstarbeiter (Waldarbeiter, Stahlarbeiter, Hochleistungssportler …): ca. 1600 kcal

Bewegung:
Die besten Fatburner sind Muskeln

Die schlechte Nachricht

Mit zunehmendem Alter nimmt der Energiebedarf ab. Etwa ab dem 30. Lebensjahr reduziert er sich pro Jahr um ein Prozent. Warum? Weil die Muskelmasse immer weniger wird. Die Rechnung ist einfach: ein Kilogramm Muskelgewebe verbraucht allein durch seine Anwesenheit täglich etwa 30 Kilokalorien an Energie. Wer wie jeder zwischen dem 30. und 40. Lebensjahr drei bis vier Kilogramm Muskelmasse verliert, reduziert damit seinen Grundumsatz um 100 Kilokalorien pro Tag – hochgerechnet auf ein Jahr sind das etwa 36 500 Kilokalorien. Bei unveränderter Energiezufuhr – also gleicher Ernährungsweise – wie zuvor besteht ein entsprechender Kalorienüberschuss, der etwa der Masse von fünf Kilogramm Fett entspricht. **Die gute Nachricht:** Es funktioniert auch in die umgekehrte Richtung. Wer es schafft, diesen Abbau zu reduzieren bzw. noch zusätzliche Muskelmasse aufzubauen, bekommt einen höheren Grundumsatz und tut sich dann umso leichter mit der Gewichtskontrolle.

Hosen lügen nicht: Wer brav Bewegung macht, besser isst und Muskeln aufbaut, kann manchmal plötzlich etwas mehr wiegen. Keine Angst, Muskeln sind schwerer als Fett, zwar nur etwa 15 Prozent, aber immerhin. Aber Muskeln sind dünner als Fett, das heißt, die Jeans zeigen den Erfolg besser als jede Waage.

Das beste Speck-weg-Training

Natürlich gibt es Sportprogramme, die die Kilos im Nu purzeln lassen. Ernährungs- und Sportmediziner empfehlen dafür meistens eine Kombination aus Ausdauertraining wie Laufen, Radfahren oder Schwimmen (jeweils eine Stunde, dreimal pro Woche) und einem intensiven Ganzkörper-Krafttraining (jeweils eine Stunde, zweimal pro Woche). Das große Plus dabei: Der Körper verbraucht nicht nur während des belastungsintensiven Trainings viel Energie, sondern es kommt auch zu einem sogenannten Nachbrenneffekt. Das heißt, nach der Belastung besteht noch für mehrere Stunden eine erhöhte muskuläre Stoffwechselaktivität, und damit holt sich die ruhende Muskulatur nachhaltig mehr Energie aus dem Fettgewebe. Das ist sicher die effizienteste Methode, erfordert aber nicht nur Zeit, sondern auch eine starke Willenskraft und hohe Motivation. Wenn es nicht ganz so effektiv und zeitintensiv sein soll oder kann, dann suchen Sie sich irgendeine Sportart, die Ihnen gefällt – so haben Sie Spaß, machen Bewegung und bleiben meist langfristig am Ball. Aber auch kleine Bewegungseinheiten im Alltag sind nicht zu unterschätzen. Viele kleine Bewegungseinheiten von ein bis zwei Minuten Dauer addieren sich im Tagesverlauf zu einem 30-minütigen Fitness-Training. Wenn Sie etwa die Treppe statt des Aufzugs benutzen, zu Fuß einkaufen gehen oder bei Werbepausen im Fernsehen die Bauchmuskeln trainieren. Und lachen Sie: Denn das tut nämlich nicht nur der Seele gut, sondern verbrennt in zehn Minuten etwa 50 Kilokalorien.

Bewegung ist also eines der gesündesten **Schutzschilder gegen Übergewicht.** Trotzdem dürfen Sie den Kalorienverbrauch nicht überschätzen. Ein kurzer Spaziergang ist zwar schön und gut, verbraucht aber kaum Kalorien. Als Faustregel gilt dabei: Ein 70 Kilogramm schwerer Mann verbrennt beim Gehen von einem Kilometer rund 70 Kilokalorien – und das ist viel weniger, als in einem Stück Torte enthalten sind. Schauen Sie sich diese Tabelle an und versuchen Sie möglichst viele (kleine) Bewegungseinheiten in Ihren Alltag einzubauen.

Der durchschnittliche Kalorienverbrauch pro 30 Minuten bei 70 Kilogramm Körpergewicht

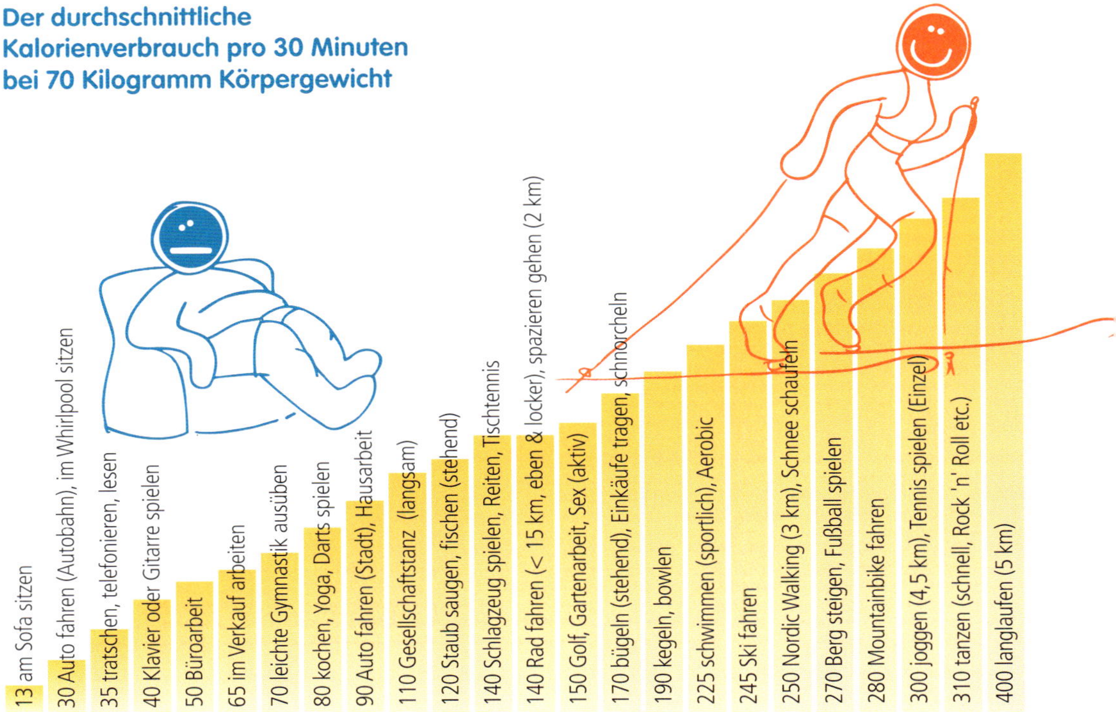

Planung ist alles – so klappt's noch besser

Wenn die Taktik stimmt, dann hat Hüftgold keine Chance. Mit diesen Kniffen aus der Motivationslehre, Ernährungsmedizin und sonstigen Lehren steht einer erfolgreichen Ernährungsumstellung nicht mehr viel im Wege.

Der richtige Zeitpunkt

Prüfungsstress, neuer Job, Wohnungssuche oder miese Phase in der Partnerschaft? Dann sollten Sie jetzt keine Diät oder Ernährungsumstellung beginnen. Denn die Reduktion von Kalorien ist eine Umstellung für den gesamten Organismus, der Stoffwechsel muss sich ändern und auch die beste Stimmung kann schwanken. Wer in so einer Phase eine Abnehmkur startet, wird mit ziemlicher Sicherheit scheitern. Ein guter Zeitpunkt, um abzunehmen, ist deshalb eine **stabile Lebensphase**. Wer die Möglichkeit hat: Ein paar freie Tage sind für den Start einer Schlankheitskur besonders günstig. Etwas Sport, mit Sorgfalt zubereitete Mahlzeiten und dazwischen Ruhepausen zur Entspannung sind die besten Rahmenbedingungen. Der Schlüssel für den Erfolg steckt im eigenen Willen, Abnehmen beginnt im Kopf und nur wer es wirklich will, wird es auch schaffen. Aber nicht nur die Diät auch das Essen an sich sollte zum richtigen Zeitpunkt genossen werden. Denn je später der Abend, desto eher schlagen die Kalorien offenbar doch zu Buche. Das zeigt eine Untersuchung an der spanischen Universität Murcia, bei der ein Forscherteam 420 Übergewichtige beobachtete. Dabei wurde festgestellt, dass die Uhrzeit ein wichtiger Faktor beim Abnehmen ist. Die Teilnehmer verloren deutlich schneller an Gewicht, wenn sie ihre tägliche Abendmahlzeit vor statt nach 16 Uhr zu sich nahmen.

Aus eigener Kraft

Wer sich von seinem Partner oder von Freunden zu einer Diät überreden lässt, statt aus eigener Überzeugung abzunehmen, hat schlechte Karten. Abnehmen kann nur funktionieren, **wenn man wirklich schlanker werden will** – und nicht, weil andere es von einem verlangen. Und: Wer sich seiner Beweggründe bewusst ist, der bleibt auch über einen längeren Zeitraum motiviert. Am besten man führt sich vor Augen, was man sich von seiner Diät verspricht: vielleicht ein schönes Kleid, bessere Blutwerte ... Oder man versucht es mit dem Klassiker und klebt ein Bikini-Bild aus alten Zeiten auf den Kühlschrank! Zudem kann man auch sein Unterbewusstsein ganz gut austricksen. Forschungen haben gezeigt, dass präzise Vorgaben mit „Wenn-dann-Sätzen“ besser gelingen als unbestimmte Vorhaben: Wenn ich mich das nächste Mal zum Kaffeetrinken verabrede, dann esse ich nur ein Stück Kuchen statt zwei.

Womit wir bei der richtigen Selbstwahrnehmung wären. Schwierigkeiten, mögliche Hindernisse und persönliche „Schwächen“ sollten keinesfalls ausgeblendet, sondern aktiv überdacht werden. Denn die meisten Menschen werden in ganz bestimmten Situationen schwach und fallen dann typischerweise in alte Gewohnheiten: Die einen greifen bei Frust automatisch zur Schokolade, die anderen trinken und essen, wenn sie mit ihren Freunden unterwegs sind. Wer sich selbst eingesteht, in welchen Situationen er schwach wird, kann sich gegen diese Muster viel besser wappnen.

Keine Verbote

Eine Diät, bei der die Liste der „verbotenen Speisen" länger ist als die der „erlaubten Lebensmittel", bringt keinen Erfolg – das brauchen Sie erst gar nicht auszuprobieren. Wenn Heißhunger und Gelüste die täglich quälenden Begleiter sind, dann ist das vorzeitige Ende einer Diät besiegelt. Besser ist es, **sich ab und zu eine Kleinigkeit zu erlauben**, auch Rückschläge zu riskieren, dabei aber das Diätziel niemals aus den Augen zu verlieren. Wie auch im Leben sind bei einer Diät immer positive Fantasien besser als negative. Niemand sollte sein Lieblingsgericht vom Speiseplan streichen, nur weil er abnehmen will. Es motiviert vielmehr, sich bewusst zu belohnen und sich auch mal etwas zu gönnen – ohne allerdings über die Stränge zu schlagen.

Mut zur Langsamkeit

Stecken Sie sich stets realistische Ziele. Zwei Kilo minus in einer Woche ist zwar kurzfristig durchaus möglich, langfristig enden solche Diäten aber nur im Frust. Nehmen Sie sich besser ein Kilo pro Woche vor – oder sogar weniger –, dann macht eine gesunde Ernährung auch langfristiger Lust und Laune. Aber Achtung: **Wiegen Sie sich höchstens einmal in der Woche** und tragen Sie die Daten in einen Kalender ein – jeden Tag auf die Waage zu steigen bringt nichts anderes als Frust. Und Mut zur Langsamkeit heißt auch Genuss. Was auch immer Sie essen, essen Sie langsam und genießen Sie. Sättigung spürt man nämlich erst nach rund 20 Minuten. Und ein Gesundheitstipp von F. X. Mayr: Kauen Sie gründlich, das schont nicht nur Ihre (Darm-)Gesundheit, sondern hilft auch Kalorien sparen. Wer auf jedem Happen 40- statt 15-mal herumbeißt, nimmt fast zwölf Prozent weniger Kalorien auf.

Richtig waschen

Vor dem Duschen mit einer rauen Körperbürste den ganzen Körper massieren, das bringt den Kreislauf in Schwung, aktiviert die Fettverbrennung und strafft das Bindegewebe. Und morgendliche **Wechselduschen** machen nicht nur wach, sondern kurbeln auch den Stoffwechsel und somit die Fettverbrennung an. Beginnen Sie heiß, wechseln Sie dann auf kaltes Wasser. Starten Sie mit dem kalten Wasser immer am rechten Fuß und wandern Sie dann langsam mit dem Wasserstrahl in Richtung Herz. Zwei bis drei Mal pro Woche ein entspannendes Vollbad mit basischem Badesalz nehmen – das unterstützt ebenfalls die Säureausscheidung der Haut.

Gut schlafen

Ein andauernder Schlafmangel steigert das Risiko, übergewichtig zu werden, und kann auch das Abnehmen erschweren. Denn, so erklärt es der renommierte Schlafforscher Jürgen Zulley von der Universität Regensburg, das Hormon Leptin, das das Gefühl „satt" vermittelt, wird bei Schlafentzug weniger stark ausgeschüttet. Der Gegenspieler Ghrelin wird dagegen aktiviert, wenn wir wach sind, und sorgt für Appetit und Hunger – unabhängig davon, wie viel wir am Vorabend gegessen haben. Daher gilt für die Zeit der Suppendiät, aber auch danach: **Schlafen Sie ausreichend!** Wie viele Stunden das sein sollen, ist ganz unterschiedlich. Grundsätzlich brauchen nicht alle Menschen gleich viel Schlaf. Zwischen fünf und zehn Stunden gelten als normal. Entscheidend ist, ob man sich nach dem Schlafen ausgeruht und fit fühlt.

Kein Stress

Denn Stress schlägt nicht nur aufs Gemüt, sondern hinterlässt auch seine Spuren auf Hüften und Rippen. Er fördert die Ausschüttung des Stresshormons Cortisol, das den

Anbau von Fettdepots fördert. Der sichtbare Beweis: Ein lästiger Bauchansatz zeigt sich oft bei an sich schlanken, aber sehr gestressten Managern. Zudem fordert bei Stress und Überlastung das Gehirn eine Extraportion Glukose (Energie aus Kohlenhydraten). Wenn diese nicht zur Verfügung stehen, dann gleicht es die Unterversorgung aus, indem es über ein System aus Botenstoffen den Appetit stimuliert. Fazit: Wir essen mehr und mehr und mehr ... Mit **Entspannungsmethoden** wie Yoga, Pilates, Mediation oder auch Wellnesskuren und Entspannung kann man verhindern, dass der Stress dick macht.

Tarnen & täuschen

Appetit und Sättigung sind anfällig für Täuschungen. Das hat eine Studie von Jeffery Sobal und Brian Wansink (Cornell University, Ithaca, New York) gezeigt. Die beiden Wissenschaftler ließen ihren Probanden Gerichte auf unterschiedlich großen Tellern servieren. Je größer der Teller war, desto mehr aßen die Teilnehmer – rund 30 Prozent mehr, als sie sonst aßen. Sie waren davon überzeugt, dass die Menge genau richtig war, um Appetit und Hunger zu stillen. Überraschend: Nur vier Prozent von ihnen war bewusst, dass ihr stärkerer Appetit mit der **Größe des Tellers** zusammenhing. Der Rest war davon überzeugt, genauso viel wie sonst gegessen oder einfach nur mehr Hunger gehabt zu haben. Wer abnehmen möchte, sollte deshalb diese optische Täuschung zu Hilfe nehmen und sich besser mit kleinen Tellern begnügen, um seinen Appetit auszutricksen. Die Sättigung tritt schneller ein, Appetit und Hunger sind kleiner.

Im Notfall: Hilfe durch Riechen

Ja, richtig gelesen: Verschiedene Düfte gelten wirklich als duftende Appetitzügler und können eine Diät sehr gut unterstützen. In unserer Nase befinden sich etwa zehn Millionen Riechzellen mit 80 Millionen Riechhärchen, damit kann ein Mensch etwa 10 000 verschiedene Düfte wahrnehmen und identifizieren. Der Duftreiz geht dann weiter über das sogenannte Riechhirn der Hirnrinde ins limbische System und stimuliert dort quasi in Sekundenschnelle das vegetative Nervensystem. Entweder man gibt das Öl in eine Duftlampe oder immer wieder zwischendurch bei Bedarf ein paar Tropfen in ein Taschentuch.

Mittlerweile ist auch die Parfumindustrie auf diesen Trend aufgesprungen. Die Luxus-Beauty-Marke Veld's hat ein Parfum auf den Markt gebracht, das beim Abnehmen helfen soll. Das Parfum zum Schlankwerden heißt „Prends moi“ und duftet nach Grapefruit, Vanille, Moschus und Flieder.

Die besten Düfte für eine Diät

- **Blutorange** kurbelt den Fettstoffwechsel und die Verdauung an. Ein paar Tropfen auf den Kopfpolster geträufelt können nächtliche Heißhungerattacken im Zaum halten. Zudem hilft der Duft gegen Versagensängste – und auch das kann einer Diät zum Erfolg verhelfen.

- **Fenchelöl** hilft beim Entgiften, erzeugt ein leichtes Sättigungsgefühl und verhindert Heißhungerattacken.

- **Grapefruitöl** wirkt leicht euphorisierend und sorgt für gute Laune, nebenbei kurbelt es die Fettverbrennung an und dämmt das Hungergefühl.

Tipp: Die meisten Zitrusfrüchte haben einen guten Schlankmacher-Effekt. Mischen Sie die ätherischen Öle Grapefruit, süße Orange und Zitrone (1:1:1) und geben Sie es in die Duftlampe. Das riecht sehr gut und kurbelt ordentlich die Fettverbrennung an.

- **Pfefferminzöl** bremst nicht nur Heißhungerattacken, sondern aktiviert auch den Fettstoffwechsel und belebt Leber und Galle.

- **Rosenöl** enthält unter anderem die Substanz Phenylethylamin, die in sehr geringen Mengen auch im Kakao vorkommt. Ein kurzes Schnuppern an Rosenöl macht standhaft gegen Lust auf Schokolade.

- **Rosmarinöl** mobilisiert den Kreislauf und regt so zu Sport und Bewegung an. Schon das Schnuppern an ein paar Tropfen Rosmarinöl – kräftig auf den Handflächen verrieben – gibt Schwung und Elan.

- **Vanille** regt die Serotonin-Produktion im Gehirn an und macht nicht nur glücklicher, sondern stoppt auch die Lust auf Süßes.

- **Wacholderöl** wirkt verdauungsfördernd und hilft die Fettverbrennung anzukurbeln. Schwangere oder Menschen, die Nierenprobleme haben, sollten dieses Öl nicht verwenden.

Auch Massagen mit ätherischen Ölen können lästige Pfunde schmelzen lassen. Beim Massieren wird die Durchblutung angeregt und auf diese Weise die Fettverbrennung gesteigert – und das sogar über einen längeren Zeitraum. Vor allem Grapefruitöl fördert die Durchblutung und regt den Zellstoffwechsel und den Lymphfluss an. Dadurch strafft es die Haut, unterstützt die Entgiftung und entwässert das Gewebe.

Und wenn Sie Ihre Diät mal so richtig stresst, dann vertrauen Sie auf Lavendelöl. Mischen Sie etwa 50 ml Jojobaöl mit 10–15 Tropfen Lavendelöl und massieren Sie diese Mischung auf Schläfen, Nacken und eventuell auf die Nasenwurzel. (Passen Sie auf, dass Sie dabei kein Öl in die Augen bekommen!) So verschwinden Stress, Verspannungen und miese Stimmung im Nu.

Tipp: Mischen Sie 50 ml Öl (Weizenkeim-, Mandel-, Aloe-Vera-, Traubenkern-, Hanf- oder Olivenöl) mit 10–12 Tropfen Grapefruitöl und massieren Sie es täglich an Ihren Problemzonen in die Haut ein. Sie können auch andere ätherische Öle dazumischen (Wacholderöl, Fenchelöl, Zimtöl ...), jedoch sollten auf 50 ml Trägeröl nie mehr als insgesamt 10–15 Tropfen ätherische Öle kommen.

Die Suppenwochen auf einen Blick

Tag 0

Der Einstimmungstag

Dieser Tag gilt der Vorbereitung und Visualisierung der kommenden Fastenwochen. Gehen Sie es ruhig an. Essen Sie keine schweren, fetten Speisen, nichts Süßes und kein Weißmehl und trinken Sie keinen Alkohol und keine kohlensäurehaltigen Getränke. Stellen Sie sich auf die Waage und schreiben Sie Gewicht und Körperfett in den Kalender. Die Waage für die nächsten 14 Tage wegräumen. Und freuen Sie sich auf das Suppenfasten …

Halten Sie den Diätplan genau ein. Beginnen Sie den Tag mit einem stoffwechselaktivierenden Morgenritual, essen Sie jeden Tag ein leckeres Frühstück und Suppen nach Wahl und gönnen Sie sich Pausen und schmackhafte Schlankmacher-Drinks zwischendurch. Dazu gibt es ein täglich wechselndes Bewegungs- und Seelenkostprogramm (siehe rechts). Halten Sie durch, es zahlt sich aus!

Morgens	Vor dem Aufstehen den Bauch im Uhrzeigersinn entlang des Bauchnabels etwa fünf Minuten lang sanft massieren – das regt die Darmperistaltik an. Gleich nach dem Aufstehen 500 ml Leitungswasser trinken. Wechselduschen und mit einer Körperbürste den Körper bürsten.
Frühstück	Nach Wahl (siehe ab Seite 30), dazu eine Kanne Tee trinken.
Mittags	Suppe nach Wahl. Wenn möglich – mittags oder auch nachmittags: 30 Minuten Ruhe mit einer Wärmeflasche auf der rechten Bauchhälfte (unterstützt die Leber). Nach dem Ruhen 30 Minuten spazieren gehen.
Nachmittags	Schlankmacher-Drink nach Wahl (siehe ab Seite 34). Über den Nachmittag verteilt möglichst viel Wasser mit ein bis zwei Messerspitze(n) Ascorbinsäure (Vitamin C) darin trinken. **Tipp:** Wenn Sie einen empfindlichen Magen haben, verwenden Sie besser gepuffertes Vitamin C (Kalziumascorbat) aus der Apotheke.
Abends	Suppe nach Wahl, möglichst vor 18 Uhr. Späterer Abend: Tee nach Wahl, ungesüßt, langsam löffeln.

Tag 14

Der Freudentag

Sie haben es geschafft: Herzliche Gratulation! Gehen Sie es dennoch ruhig an und versuchen Sie die Ihnen angenehmen Rituale der Fastenwoche auch weiterhin in Ihren Tagesablauf einzubinden: Bauchmassage, Wasser trinken, Bewegung usw. Und holen Sie die Waage aus dem Versteck und checken Sie Ihr neues Körpergewicht – es sollten, natürlich je nach Ausgangsgewicht, um mindestens vier Kilo weniger sein.

Doch Achtung: Wenn Sie gleich wieder in alte, schlechte Gewohnheiten verfallen, werden die Kilos sofort wieder da sein. Daher: Bleiben Sie bei Ihrem neuen Leben und machen Sie gleich weiter mit der Fettkiller-Strategie (siehe ab Seite 96). Viel Erfolg!

g1 **Bewegung** 30 bis 60 Minuten Ausdauerprogramm (Schwimmen, Radfahren, Nordic Walking, flottes Spazieren ...).
Seelenkost Nehmen Sie sich bewusst Zeit für sich selbst, lesen Sie ein Buch oder legen Sie sich einfach einmal richtig früh ins Bett.

g2 **Bewegung** 30 Minuten Krafttraining, wenn möglich – oder 60 Minuten Ausdauerprogramm (Schwimmen, Radfahren, Nordic Walking, flottes Spazieren ...).
Seelenkost Nehmen Sie ein ausgiebiges Basenbad, danach gleich ins Bett und schlafen.

g3 **Bewegung** Lassen Sie es heute sein ...
Wenn unbedingt gewünscht:
ein kurzer Spaziergang oder 30 Minuten schwimmen, vielleicht in einem Thermenbecken.
Seelenkost Gehen Sie in die Sauna, ins Dampfbad – oder lassen Sie den Tag in einer nahegelegenen Therme ausklingen.

g4 **Bewegung** 60 Minuten Ausdauer nach Wahl (Schwimmen, Radfahren, Nordic Walking, flottes Spazieren ...).
Seelenkost Gehen Sie zu einer Massage – entweder einer klassischen oder besser einer Lymphdrainage, die zusätzlich den Stoffwechsel anregt.

g5 **Bewegung** Haben Sie schon mal Yoga probiert? Oder eine geführte Mediation? Dann wird es jetzt Zeit: Gehen Sie zu einer Schnupperstunde ins nächste Studio. Die sind meistens gratis und geben einen guten Einblick und innere Ruhe – und am Tag 5 Ihrer Fastenkur können Sie das sehr gut brauchen.
Seelenkost Gehen Sie mit Ihrem Partner oder einer Freundin ins Kino oder ins Theater.

g6 **Bewegung** 60 Minuten lockeres Ausdauerprogramm, eventuell auf zwei Einheiten aufgeteilt.
Seelenkost Gehen Sie zum Friseur oder „wenigstens" zur Maniküre und/oder Pediküre.
Für Männer: Versuchen Sie es doch auch, auch „echte Männer" fühlen sich neu gestylt viel besser.

g7 **Bewegung** 60 Minuten lockeres Ausdauerprogramm – eventuell kombiniert mit Krafttraining.
Seelenkost Nehmen Sie ein basisches Bad, lesen Sie ein gutes Buch und gehen Sie früh ins Bett.

Bewegung Haben Sie schon einmal Pilates ausprobiert? Nehmen Sie in einem Studio eine Schnupperstunde: Pilates tut nicht nur dem Rücken sehr gut, sondern strafft auch die Muskeln wunderbar. Tag 8
Seelenkost Treffen Sie sich mit Freunden und geben Sie da ein bisschen mit Ihrem Fasten an. Erzählen Sie, wie wohl und vital Sie sich dabei fühlen.

Bewegung Sightseeing-Tag: Gehen Sie in ein Museum, in den Zoo oder schauen Sie sich berühmte Plätze in Ihrer Stadt an. Sightseeing-Touren in der eigenen Stadt macht man selten bis nie – schade, denn das tut nicht nur dem Geist gut, sondern meist bewegt man sich auch ganz schön viel dabei. Tag 9
Seelenkost Machen Sie sich eine Gesichtsmaske und dann ab aufs Sofa und in Ruhe einen Film anschauen.

Bewegung Heute machen Sie einmal eine wohlverdiente Pause. Tag 10
Seelenkost Gehen Sie wieder zur Massage – vielleicht darf es diesmal eine ayurvedische Behandlung sein.

Bewegung Kennen Sie die Shape Line Studios? Machen Sie eine Schnupperstunde Body & Soul-Training (zumeist gratis). Das formt den Körper und sorgt mit geführten Atmungseinheiten und speziellen Klängen für Entspannung. Tag 11
Seelenkost Heute sind wieder Sauna, Dampfbad und ein erholsames Wellnessprogramm angesagt.

Bewegung Machen Sie eine Wanderung. Suchen Sie sich eine angenehme Route, die nicht zu viele Höhenmeter hat, aber mindestens zwei Stunden dauert. Tag 12
Seelenkost Planen Sie bei der Wanderung auch einen Hüttenbesuch ein. Genießen Sie die Natur und die Aussicht. Wenn es unbedingt sein muss, dann darf es auch eine kleine Sünde aus der Küche sein: aber nichts Schweres, nichts Fettes und nichts zu Süßes!

Bewegung Ruhetag Tag 13
Seelenkost Kaufen Sie sich etwas Schönes zum Anziehen: enge Jeans, ein schickes Kleid und freuen Sie sich über Ihre neue Figur.

10 schnelle Frühstücksideen

Frühstücke wie ein Kaiser gilt auch, wenn es um eine Diät geht. Eine ausgewogene Morgenmahlzeit kann über Erfolg und Misserfolg entscheiden. Denn langweilt schon das Frühstück oder stillt es nicht einmal den allerkleinsten Hunger, dann ist die Versuchung bei der nächsten duftenden Konditorei einzukehren umso größer. Außerdem ist es wichtig, morgens die über Nacht geleerten Energiespeicher wieder aufzufüllen – nicht nur für Leistungs- und Konzentrationsfähigkeit, Gesundheit und gute Laune, sondern eben auch für die Figur. Das beweisen mittlerweile auch etliche Studien. Etwa die Analyse von 47 Einzelstudien im renommierten „Journal of the American Dietic Association". Frühstückende Kinder und Jugendliche nahmen zwar insgesamt mehr Nährstoffe als Nicht-Frühstücker auf, dennoch hatten sie seltener Übergewicht. Forscher der „Harvard School of Public Health" wiederum beobachteten 16 Jahre lang die Frühstücksgewohnheiten von 26 900 Männern. Fazit: Ohne Morgenmahlzeit stieg das Diabetes-Typ-2-Risiko um 20 Prozent, da tagsüber zu viel gesnackt und damit Gewicht zugelegt wurde.

Mit den folgenden zehn Frühstücksideen gelingt der optimale Start in den Tag – und Kalorien werden dank etlicher Fatburner-Nährstoffe auch noch gespart.

Vital-Müsli

4 EL Vollkornhaferflocken
4 EL Berberitzen oder Cranberrys
2 Zwetschken, gewürfelt
1 großer Apfel, gewürfelt
300 ml Joghurt (0,1 % Fett)
Stevia

2 Portionen
NÄHRWERT pro PORTION: 142 kcal, KH: 21,1 g, F: 2 g, E: 9,7 g

Haferflocken mit 4 EL heißem Wasser übergießen und ein paar Minuten aufquellen lassen. Eventuell abseihen und mit den restlichen Zutaten vermengen.

Eierspeise

1 TL Öl
2 Eier
1/2 Bund Petersilie, gehackt
2 Tomaten, gewürfelt
Salz, Pfeffer
Dazu 1–2 Scheiben Vollkornbrot

2 Portionen
NÄHRWERT pro PORTION: 132 kcal, KH: 3,1 g, F: 8,2 g, E: 5,7 g

Eier verquirlen und mit Salz und Pfeffer würzen.
In einer Pfanne etwas Öl heiß werden lassen und die Tomatenwürfel kurz darin anbraten. Eier dazugeben, alles etwa 1–2 Minuten garen und kurz vor Schluss die Petersilie untermischen.

Grießbrei

400 ml Milch (0,1 % Fett)
1 halbierte Vanilleschote, das Mark herausgekratzt
60 g Dinkelgrieß oder Dinkelflocken
1/2 Mango, gewürfelt
Stevia
Saft von 1 Limette

2 Portionen
NÄHRWERT pro PORTION: 195 kcal, KH: 31 g, F: 1 g, E: 11 g

Die Milch in einem Topf erhitzen, Vanilleschote und Mark zur Milch geben. Den Grieß oder die Flocken mit einem Schneebesen gut einrühren, kurz aufkochen lassen und etwa 10 Minuten quellen lassen. Mit Stevia abschmecken, Vanilleschote herausnehmen. Die Mango mit dem Limettensaft pürieren und als eine Art Spiegel über den Grießbrei leeren.

Obstsalat

2 kleine Äpfel, gewürfelt
1 Birne, gewürfelt
1 Handvoll Beeren nach Wahl
2 Marillen (Aprikosen), gewürfelt
Saft von 2 Orangen
2 EL Walnusskerne, grob gehackt
2 EL Cottage Cheese (Löffelkäse, 1 % Fett)

2 Portionen
NÄHRWERT pro PORTION: 154 kcal, KH: 28 g, F: 3,8 g, E: 3,1 g

Das Obst mit Orangensaft marinieren und mit einem Klecks Cottage Cheese und mit Walnüssen bestreut servieren.

Achtung: Manche Frischkäsesorten enthalten Zucker.

Zimt-Heidelbeer-Joghurt

300 ml Joghurt (0,1 % Fett)
200 g Heidelbeeren
Stevia
1 TL Zimt
Minzeblättchen, grob gehackt

2 Portionen
NÄHRWERT pro PORTION: 93 kcal, KH: 14 g, F: 0,5 g, E: 6 g

Die Heidelbeeren waschen, abtropfen lassen und mit einer Gabel leicht zerdrücken. Joghurt mit Zimt und Stevia zusammen in einer Schüssel verrühren und die Heidelbeeren vorsichtig unterheben. Anschließend mit Minze dekorieren und servieren.

Tomatenbrötchen

2 Scheiben Vollkornbrot (ohne Zuckerzusatz)
2 Tomaten
2 EL Cottage Cheese mit Kräutern (Löffelkäse, 1 % Fett)
4 Basilikumblätter
Salz

2 Portionen
NÄHRWERT pro PORTION: 170 kcal, KH: 21 g, F: 2 g, E: 9 g

Vollkornbrot toasten, mit Käse bestreichen und mit Tomatenscheiben belegen. Mit Basilikum und etwas Salz würzen und servieren.

Herzhaftes Brötchen

2 harte Eier
1 TL Halbfettmargarine
2 TL Schnittlauch, in Röllchen
1 TL Senf
80 g Salatgurke
4 Scheiben Roggenvollkornbrot
80 g Schinken

2 Portionen
NÄHRWERT pro PORTION: 290 kcal, KH: 21 g, F: 9 g, E: 19 g

Margarine, Schnittlauchröllchen und Senf mit einer Gabel mischen. Salatgurke waschen, trocken reiben und in sehr dünne Scheiben schneiden. Eier pellen und in dünne Scheiben schneiden. Brotscheiben mit Margarinecreme bestreichen. Eischeiben auf eine Scheibe Brot legen, Schinken und Gurkenscheiben darauf verteilen und mit der zweiten Brotscheibe zudecken. Zum Schluss diagonal halbieren.

Papaya mit körnigem Frischkäse

200 g Papaya
400 g Cottage Cheese (Löffelkäse, 1 % Fett)
4 Stängel Zitronenmelisse
Ein Schuss Mineralwasser
2 TL Zitronensaft

2 Portionen
NÄHRWERT pro PORTION: 210 kcal, KH: 6 g, F: 9 g, E: 27 g

Kerne aus der Papaya herauslösen. Fruchtfleisch schälen und in Würfel schneiden. Papaya und Frischkäse mischen. Melisse waschen, trocken tupfen, Blättchen von 1 Stiel zupfen und grob hacken. Blättchen, Mineralwasser und Zitronensaft unter den Frischkäse rühren, anrichten und mit übriger Melisse verzieren.

Süßer Orangen-Couscous

2 mittelgroße Orangen
Stevia nach Geschmack
2 Msp. Zimt
60 g Couscous
1 TL Margarine
2 TL getrocknete Berberitzen
2 EL Joghurt (0,1 % Fett)
1 TL Pistazien, gehackt

2 Portionen
NÄHRWERT pro PORTION: 180 kcal, KH: 24 g, F: 5 g, E: 4 g

Eine Orange halbieren, ein Viertel abschneiden und beiseitelegen. Saft der zweiten Orange auspressen. Orangensaft, Stevia und Zimt in einem Topf aufkochen lassen. Couscous unter Rühren zugeben. Topf vom Herd nehmen und zugedeckt ca. 5 Minuten ziehen lassen. Margarine unter den Couscous rühren, bei schwacher Hitze 2–3 Minuten dünsten, dann vom Herd nehmen. Übriges Orangenviertel schälen. Fruchtfleisch in kleine Stücke schneiden. Berberitzen und Orangenstücke unter den Couscous rühren und in ein Glas geben. Joghurt darauf verteilen und mit Pistazien bestreuen.

Eier im Glas mit Kresse

2 Scheiben magerer Frühstücksspeck
2 Eier
Salz, Pfeffer
1/2 rote Chilischote
2 Scheiben kräftiges Bauernbrot
1 Frühlingszwiebel
1/2 Beet Kresse

2 Portionen
NÄHRWERT pro PORTION: 280 kcal, KH: 29 g, F: 12 g, E: 14 g

Eier 5 Minuten weich kochen. Speck in einer heißen, beschichteten Pfanne knusprig auslassen. Auf Küchenpapier gut abtropfen lassen. Frühlingszwiebel in feine Ringe schneiden. Chilischote entkernen und ebenfalls in Ringe schneiden. Den abgekühlten Speck in kleine Stücke brechen. Eier mit kaltem Wasser abschrecken und pellen. Kresse mit einer Schere abschneiden. Alle vorbereiteten Zutaten in Gläser geben und mit einem Löffel mischen. Eventuell salzen und pfeffern und mit dem Brot essen.

10 leckere Schlankmacher-Drinks

Trinken ist, wie schon gesagt, wichtig. Ausreichend Wasser trinken ist daher sowieso Ehrensache, aber diese gesunden Cocktails können das Fasten und eine figurbewusste Ernährung zusätzlich sehr gut unterstützen. Wählen Sie jeden Tag einen dieser Cocktails aus und genießen Sie ihn zwischendurch. Die Zutaten sind so gewählt, dass möglichst viele gesunde und „fettfressende" Nährstoffe darin enthalten sind. Zudem können diese Drinks auch den kleinen Hunger stillen oder die Lust auf Süßes zwischendurch sehr gut im Zaum halten.

Eiweißshake

250 ml Buttermilch
100 ml Mineralwasser
100 g Joghurt (0,1 % Fett)
1 Banane
100 g Erdbeeren
(oder andere Beeren, auch tiefgekühlt)
2 EL Weizenkleie
Etwas Kardamom

2 Gläser
NÄHRWERT pro PORTION: 173 kcal, KH: 25 g, F: 3 g, E: 11 g

Alle Zutaten in den Mixer geben, mit Kardamom abschmecken und gleich trinken.

Bananendrink

2 Bananen
300 g Topfen (Quark, 0,2 % Fett)
800 ml kaltes Wasser
Stevia
2 TL Guar-Granulat
Etwas Zimt

2 Gläser
NÄHRWERT pro PORTION: 240 kcal, KH: 24 g, F: 0,5 g, E: 20,5 g

Alle Zutaten in den Mixer geben, mit Zimt bestauben und gleich trinken.

Flotter Fettverbrenner

6 Marillen (Aprikosen)
Saft von 2 Orangen
Saft von 1 Zitrone
200 ml Molke

2 Gläser
NÄHRWERT pro PORTION: 132 kcal, KH: 26,1 g, F: 0,5 g, E: 2,8 g

Alle Zutaten im Mixer pürieren und möglichst kalt trinken.

Tipp: Zuckerfreie Molke gibt es von Milram, Meggle oder Optiwell (im gut sortierten Supermarkt).

Erfrischender Grapefruit-Dinkula

2 Gläser
NÄHRWERT pro PORTION: 47 kcal, KH: 9,2 g, F: 0,2 g, E: 1,2 g

2 Grapefruits
200 ml Dinkula
Mineralwasser

Grapefruits pressen. Den Saft mit gut gekühltem Dinkula mixen und mit Mineralwasser auffüllen.

Fettstopp-Cocktail

2 Gläser
NÄHRWERT pro PORTION: 78 kcal, KH: 15,8 g, F: 0,2 g, E: 1,8 g

200 ml Molke
200 ml Apfelsaft (direkt gepresst, ohne Zuckerzusatz)
Etwas Zimt
3 EL Apfelessig

Molke, Apfelsaft und Zimt kurz erhitzen, Apfelessig einrühren und möglichst warm trinken.

Vitamin-C-Booster

2 Gläser
NÄHRWERT pro PORTION: 50 kcal, KH: 9 g, F: 0,1 g, E: 1 g

Saft von 3 großen Orangen
Saft von 1 Zitrone
20 ml Acerola- oder Aroniasaft
Mineralwasser
2 Orangenscheiben zum Garnieren

Die Säfte mixen und in ein Glas füllen. Mit Mineralwasser auffüllen und mit jeweils einer Scheibe Orange dekoriert servieren.

Tomatenmilch

2 Gläser
NÄHRWERT pro PORTION: 71 kcal, KH: 7,7 g, F: 1,6 g, E: 5,9

2 vollreife Tomaten
8 Basilikumblätter
1 EL Tomatenmark
300 g Buttermilch
Kräutersalz, Pfeffer
2 Spritzer Worcestersauce

Die Tomaten kurz blanchieren, häuten und eventuell Kerne entfernen. Die halbe Buttermilch gemeinsam mit allen anderen Zutaten im Mixer pürieren. Die übrige Milch dazugeben, nochmals kurz mixen und gegebenenfalls nochmals abschmecken. Mit Pfeffer bestreut servieren.

Melonensmoothie

1/2 Honigmelone, grob entkernt, zerkleinert
Saft von 1 Zitrone
Einige Blätter Zitronenmelisse
2 Tassen Eiswürfel (Crushed Ice) oder Mineralwasser

2 Gläser
NÄHRWERT pro PORTION: 35 kcal, KH: 10 g, F: 0,5 g, E: 1 g

Alle Zutaten im Mixer verarbeiten und nach Belieben mit Stevia süßen.

Stoffwechsel-Zünder

100 ml Karottensaft
300 ml Apfelsaft (direkt gepresst, ohne Zuckerzusatz)
60 ml Artischockensaft
Ein paar Eiswürfel

2 Gläser
NÄHRWERT pro PORTION: 103 kcal, KH: 19 g, F: 0,2 g, E: 1,5 g

Die gut gekühlten Säfte und den Artischockensaft mit einer Gabel gut verquirlen und über ein paar Eiswürfel in ein Cocktailglas gießen.

Fit-Cocktail

400 ml Rote-Rüben-Saft (Rote-Bete-Saft)
40 ml Weißdornsaft
Etwas Muskat

2 Gläser
NÄHRWERT pro PORTION: 81 kcal, KH: 15 g, F: 0,1 g, E: 2,2 g

Die Säfte gut verquirlen und mit einer Prise Muskat würzen.

Die Basis: die beste Brühe für jede Suppe

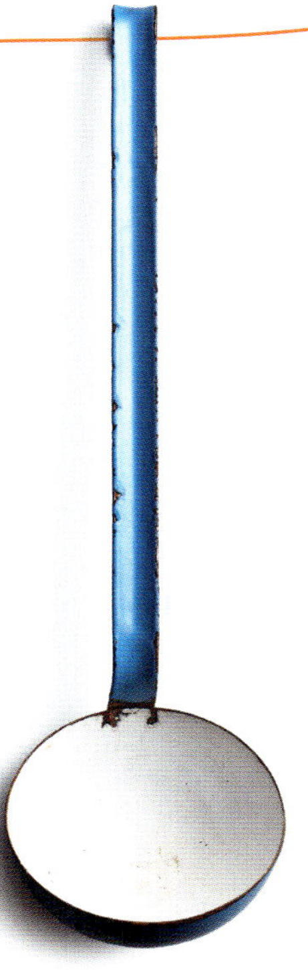

Ob man sie ganz einfach Brühe nennt oder etwas elegantere Ausdrücke wie Bouillon oder Fond wählt: Die Grundlage für jede Suppe ist eine im Voraus gekochte Bouillon. Je nach gewünschter Suppe kann das eine Rindsuppe, Fischbouillon oder eine universell einsetzbare Brühe auf Hühner- oder Gemüse-Basis sein. Je besser diese Brühe gelungen ist, desto geschmackvoller wird auch die Suppe. Es gibt viele gute Instantsuppen – vom Würfel bis zur Paste. Beim Einkauf sollte man vor allem darauf achten, dass sie in Bio-Qualität sind, keine Geschmacksverstärker und wenig bis kein Salz enthalten. Viele Reformläden bieten auch sogenannte Basenbrühen an, die ebenfalls eine schmackhafte und vor allem schlanke Basis für Suppen sind. Falls Sie genug Zeit und Laune haben, ist eine selbst gemachte Brühe aber dem besten Brühwürfel vorzuziehen.

Das Prinzip der Brühe ist immer dasselbe: Sie wählen die passenden Zutaten aus und kochen sie so lange in Wasser, bis diese ihre Inhaltsstoffe und Aromen möglichst vollständig abgegeben haben. Dann müssen Sie das Kochgut nur noch heraussieben – und fertig ist die perfekte Bouillon. Je geschmackvoller und natürlicher die Zutaten, desto besser schmeckt das Ganze dann auch. Selbstgekochte Bouillon hat den unschlagbaren Vorteil, dass Sie genau wissen, was drin ist. Zu große Mengen Salz oder Geschmacksverstärker, die nur für Heißhunger sorgen, brauchen Sie also nicht zu befürchten. Und keine Angst: Sie müssen nicht jeden Tag aufs Neue eine Brühe fabrizieren, sie lässt sich auch wunderbar auf Vorrat zubereiten, kühlstellen oder einfrieren. Im Kühlschrank hält sie sich einige Tage frisch, wenn Sie sie in ein sauberes, luftdicht abgeschlossenes Rexglas (mit kochendem Wasser sterilisiert) füllen. Im Gefrierschrank hält die Bouillon bis zu drei Monaten. Am einfachsten ist es, wenn Sie die Brühe gleich in den später benötigten Mengen von jeweils 500 oder 750 ml einfrieren, so dass Sie sie später portionsweise auftauen können. Und wenn Sie gelegentlich kleine Mengen brauchen, um andere Gerichte damit zu verfeinern, frieren Sie die Suppe am besten in einem Eiswürfelbehälter ein.

Gemüsebrühe – Grundrezept

5 große Karotten, in Stücken
1 Knollensellerie, in Stücken
2 Petersilienwurzeln, in Stücken
3 große Zwiebeln, in Stücken
2 Stangen Lauch (Porree), in Stücken
2 Bund Petersilie, gehackt
2 Thymianzweige, gehackt
3 Lorbeerblätter, gehackt
3 Stängel Liebstöckel, gehackt
2 EL Olivenöl
1 TL Salz

Ca. 4 Liter, Zubereitungszeit: 80 Minuten

Das Olivenöl in einem ausreichend großen Topf erhitzen und das Gemüse und die Kräuter (auch Petersilie und Liebstöckel) darin kurz anbraten. Mit etwa 5 Liter kaltem Wasser aufgießen, Salz dazugeben und aufkochen lassen. Zugedeckt etwa eine Stunde lang schwach köcheln lassen. Die Brühe danach etwas abkühlen lassen und sie durch ein feines Haarsieb abgießen.

Am besten ist es, wenn Sie das Gemüse mit der Rückseite des Schöpfers richtig „ausdrücken". Die Brühe völlig auskühlen lassen, erst dann umfüllen und kühl stellen.

Nach Geschmack kann diese Gemüsebrühe mit verschiedenen Gemüsesorten und Kräutern variiert werden. Das ausgekochte Gemüse selbst hat nicht mehr allzu viel Geschmack. Wenn Sie es partout nicht wegwerfen wollen, können Sie mit der eben gekochten Bouillon ein Gemüsesüppchen machen. Wenn Sie die basische Wirkung der Suppe noch ein bisschen verstärken wollen, rühren Sie 1/2 TL Basenmischung pro Portion in die Gemüsesuppe ein. Das gibt es in Reformläden und in den zahlreichen Fastenshops im Internet.

Fischbouillon – Grundrezept

1 kg Karkasse (Gräten, Köpfe, Haut und Fischstücke von hellen Fischen)
1 Knollensellerie, gewürfelt
1 Fenchelknolle, gewürfelt
1 Stange Lauch (Porree), gewürfelt
8 schwarze Pfefferkörner
1 Thymianzweig
1 Bund Petersilie
1 Lorbeerblatt
1 Handvoll Estragon
6 Senfkörner
Einige Eiswürfel

Ca. 1,5 Liter, Zubereitungszeit: 1 Stunde

Alle Zutaten in einen Topf mit 2 Liter kaltem Wasser geben und Eiswürfel hinzufügen. Die Eiswürfel bewirken, dass sich das Eiweiß vom Fisch langsamer löst und die Brühe weniger trüb wird. Alles zusammen langsam erwärmen und bei milder Hitze 30–40 Minuten leicht köcheln (bzw. ziehen) lassen, ab und zu abschäumen. Die Brühe darf nicht länger kochen, da sie sonst leicht bitter werden kann. Alles durch ein enges Sieb pressen und abkühlen lassen.

Hühnerbrühe - Grundrezept

1 küchenfertiges Suppenhuhn, abgebraust
4 Karotten, in Stücken
1 Knollensellerie, in Stücken
3 Zwiebeln, grob gehackt
1 große Stange Lauch (Porree), in Ringen
1 Bund Petersilie, gehackt
3 Lorbeerblätter
1 Thymianzweig, gehackt
1 Rosmarinzweig, gehackt
1/2 TL Salz

Ca. 4 Liter, Zubereitungszeit: 3 1/2 Stunden

Alle Zutaten in einen großen Topf mit 5 Liter Wasser geben. Zugedeckt aufkochen lassen, abdecken und 2 bis 3 Stunden lang bei schwacher Hitze köcheln. Immer wieder mit einer Schaumkelle den Schaum abschöpfen, der sich an der Wasseroberfläche bildet. Wenn sich kein Schaum mehr bildet, den Deckel so auflegen, dass noch ein kleiner Spalt bleibt. Nach dem Ende der Kochzeit das Suppenhuhn aus dem Topf nehmen, die Bouillon noch etwa abkühlen lassen und dann durch ein feines Haarsieb abgießen.

Die Brühe ganz abkühlen lassen, bis sich das Fett in einer Schicht an der Oberfläche absetzt. Dieses Fett mit einem Löffel abheben und die Bouillon nochmals durch ein Sieb abgießen.

Das ausgelöste Fleisch des Suppenhuhns kann ebenfalls weiterverwendet werden. Es hat zwar nicht mehr so viel Geschmack wie ein frisch als Suppeneinlage zubereitetes Hühnerfilet, aber in Suppen und Eintöpfen schmeckt das Suppenhuhn durchaus noch gut. Übrigens: Hühnersuppe gilt jeher als beste Medizin bei Erkältung. Um aber alle wichtigen Nährstoffe zu erhalten, müssen diese Kraftsuppen immer mit dem ganzen Huhn, das heißt auch mit den Knochen, gekocht werden. Als Stärkung sollte die Suppe laut der Traditionellen Chinesischen Medizin (TCM) erst beim Abklingen der Erkältung eingesetzt werden.

Fasten für jeden Geschmack: 55 schlanke Suppenrezepte

Schnelle Kohlrabisuppe

250 g Kohlrabi, geschält, gewürfelt
1 Kartoffel, geschält, gewürfelt
1/2 Zwiebel, geschält, fein gehackt
1 TL Olivenöl
250 ml Gemüsebrühe
50 ml Milch (0,1 % Fett)
Salz, Pfeffer, Kresse

2 Portionen, Zubereitungszeit: 15 Minuten
NÄHRWERT pro PORTION: 90 kcal, KH: 11 g, F: 3 g, E: 5 g

Das Öl in einem beschichteten Topf erhitzen und zuerst die Zwiebel, dann Kohlrabi und Kartoffeln leicht anrösten. Mit der Brühe aufgießen, aufkochen und bei schwacher Hitze weiter köcheln lassen, bis das Gemüse weich ist (etwa 8 Minuten). Dann die Suppe mit einem Stabmixer pürieren, die Milch unterrühren und mit Salz, Pfeffer und Kresse abschmecken.

Tomatenbouillon

1 Knoblauchzehe, grob gehackt
1 kleine rote Chilischote, entkernt, gehackt
250 g reife Tomaten, ohne Stielansätze
1/2 Stangensellerie, gewürfelt
1 kleine Karotte, gewürfelt
6 Cocktailtomaten, ohne Stielansätze, enthäutet
500 ml Gemüsebrühe
Salz, Pfeffer
2 Stängel Basilikum, ein Teil in Streifen
Stevia

2 Portionen, Zubereitungszeit: 25 Minuten
NÄHRWERT pro PORTION: 50 kcal, KH: 5 g, F: 0,8 g, E: 2 g

Die Tomaten mit Knoblauch und Chili in einem hohen Gefäß pürieren. Dann durch ein mit einem Passiertuch ausgelegtes Sieb streichen. Die Gemüsebrühe in einem Topf aufkochen lassen. Die Karotten- und Selleriewürfel darin 2–3 Minuten kochen lassen. Die pürierten Tomaten einrühren und alles nochmals aufkochen lassen. Mit Salz, Pfeffer und eventuell etwas Stevia abschmecken. Die Cocktailtomaten in den Tellern verteilen und mit der Tomatenbouillon übergießen. Die Basilikumblätter und -streifen darüber streuen.

Radieschensuppe

1 Bund Radieschen
mit frischem Grün, Blätter in Streifen, Radieschen in Würfeln und ein paar Scheiben (zum Garnieren)
1 mittelgroße, mehlige Kartoffel, gewürfelt
1 Zwiebel, gewürfelt
Einige Blätter Liebstöckel, fein gehackt
2 Estragonzweige, fein gehackt
500 ml Gemüsebrühe
50 g Ziegenfrischkäse mit Kräutern
Etwas Butter zum Braten
Salz, Pfeffer, Stevia

2 Portionen, Zubereitungszeit: 25 Minuten
NÄHRWERT pro PORTION: 206 kcal, KH: 23,1 g, F: 11,6 g, E: 8,7 g

Ein paar Radieschen-Scheiben und ein paar Blätter im Ganzen beiseite legen. Wenig Butter erhitzen und die Zwiebeln darin glasig anbraten. Mit der Brühe ablöschen, Kartoffel-, Radieschenwürfel und Kräuter hinzufügen und etwa 15 Minuten weich kochen, dann mit einem Stabmixer das Ganze pürieren. Den Frischkäse dazugeben und schaumig aufschlagen. Nach Geschmack mit Salz, Pfeffer und etwas Stevia würzen. Die Suppe mit den Streifen der Radieschenblätter und ein paar Radieschenscheiben servieren.

Stevia ist ein ebenso guter Geschmacksverstärker wie auch Zucker, hat aber keine Kalorien und wirkt deshalb auch nicht blutzuckersteigernd. Bei Versuchen hat man weiters festgestellt, dass die Wirkstoffe in Stevia den Blutzuckerspiegel sogar senken können. Und es ist – auch wenn böse Stimmen das Gegenteil behaupten – genauso natürlich wie Zucker. Stevia gibt es als getrocknete Blätter, Granulat, Tabs und flüssig und bei den meisten Produkten konnte der etwas gewöhnungsbedürftige bittere Geschmack schon sehr gut eliminiert werden.

Bunte Gemüsesuppe

1–2 Karotten, gewürfelt
1 Gelbe Rüben, gewürfelt
1/4 Knollensellerie, gewürfelt
1 kleine Zwiebel, gewürfelt
1 TL Sonnenblumenöl
500 ml Gemüsebrühe
2–3 EL Haferkleie
Salz, Pfeffer
1/2 Bund Petersilie, gehackt

2 Portionen, Zubereitungszeit: 25 Minuten
NÄHRWERT pro PORTION: 174 kcal, KH: 26 g, F: 8,3 g, E: 4,6 g

Zwiebel in Öl etwa 5 Minuten glasig schwitzen, dann mit Gemüsebrühe ablöschen. Das Gemüse zur Suppe geben, kurz aufkochen lassen und 15 Minuten bei mittlerer Hitze sanft köcheln. Haferkleie einrühren, mit Salz und Pfeffer abschmecken und mit Petersilie bestreut servieren.

Gemüsesuppe ça va bien

1/2 Melanzani (Aubergine), klein gewürfelt
1 Zucchini, in mundgerechten Stücken
200 Tomaten, in mundgerechten Stücken
1 rote Paprika, fein gewürfelt
2 Schalotten, fein gewürfelt
3 Knoblauchzehen, fein gewürfelt
1 TL Olivenöl
1 kleiner Thymianzweig
1 kleines Lorbeerblatt
Saft von 1/2 Zitrone
500 ml Gemüsebrühe
Salz, Pfeffer
Basilikumblätter
1 EL Kochcreme (bis 5 % Fett)

2 Portionen, Zubereitungsszeit: 40 Minuten
NÄHRWERT pro PORTION: 175 kcal, KH: 26,6 g, F: 2,1 g, E: 5,6 g

Das Öl in einem Topf erhitzen und Paprika, Schalotten und Knoblauch einige Minuten darin anschwitzen. Anschließend das restliche Gemüse, Thymian und Lorbeer dazugeben und ganz kurz mitgaren lassen. Dann mit der Brühe aufgießen und mit Salz und Pfeffer würzen. Bei schwacher Hitze aufkochen lassen und noch etwa 18 Minuten bei mittlerer bis schwacher Hitze köcheln lassen, bis das Gemüse bissfest ist. Thymian und Lorbeer herausnehmen. Einen Schöpfer Suppe abschöpfen, pürieren und anschließend zurück in die Suppe geben. Gut unterrühren und bei schwacher Hitze nochmals 1–2 Minuten köcheln lassen. Mit Zitronensaft, Salz und Pfeffer abschmecken und mit einem Klecks Kochcreme und Basilikum garniert servieren.

Reste-Verwertung: Kohlrabiblattsuppe

300 ml Gemüsebrühe
10–15 möglichst junge, zarte Kohlrabiblätter, fein geschnitten
Salz, Pfeffer, Muskat

2 Portionen, Zubereitungszeit: 10 Minuten
NÄHRWERT pro PORTION: 32 kcal, KH: 2,7 g, F: 0,8 g, E: 1,1 g

Die Gemüsesuppe erhitzen (aber nicht kochen lassen) und die Kohlrabiblätter hinzufügen. Einige Minuten ziehen lassen und mit Salz, Pfeffer und Muskat abschmecken.

Zu schade für die Tonne: Meist werden die Kohlrabiblätter achtlos weggeworfen. Das ist bedauerlich, denn sie enthalten im Vergleich zu der Knolle einen rund doppelt so hohen Gehalt an Vitamin C, etwa 100-mal so viel Karotin und auch etwa zehnmal so viel Kalzium und Eisen. All das sind hervorragende Nährstoffe für die Figur und die Gesundheit.

Spinatcremesuppe

4 Knoblauchzehen, geschält
1 kleine Kartoffel, geschält, in Würfeln
300 ml Gemüsebrühe
1 Prise Muskat
Pfeffer
150 g passierter Spinat
(tiefgekühlt oder frisch gemacht)
1 EL Crème fraîche
2 TL Zitronensaft

2 Portionen, Zubereitungszeit: 30 Minuten
NÄHRWERT pro PORTION: 95 kcal, KH: 9,3 g, F: 6,5 g, E: 3,2 g

Die Gemüsebrühe mit Knoblauch und Kartoffeln zum Kochen bringen. Mit Muskat und Pfeffer würzen. Zugedeckt 20 Minuten köcheln lassen. Den tiefgekühlten Spinat dazugeben und zugedeckt etwa 8 Minuten köcheln lassen. Die Suppe, Crème fraîche und Zitronensaft mit dem Stabmixer fein pürieren.

Grüne Frühlingssuppe

200 g Tofu, natur, gewürfelt
1 Bio-Zitrone,
1 TL abgeriebene Schale, 1 TL Saft
Salz, grüner Pfeffer
150 grüner Spargel
1 kleine Zucchini, in dünnen Scheiben
100 g Zuckerschoten, halbiert
2 Frühlingszwiebeln, in Ringen
3–4 Stängel Kerbel, gehackt
1 l Gemüsebrühe

2 Portionen, Zubereitungszeit: 30 Minuten, Marinieren: 2 Stunden
NÄHRWERT pro PORTION: 130 kcal, KH: 9 g, F: 6 g, E: 12 g

Tofuwürfel mit Zitronensaft und -schale, Salz und Pfeffer würzen und zugedeckt etwa 2 Stunden kalt stellen. Den Spargel im unteren Drittel dünn schälen und eventuell die holzigen Enden abschneiden. Die Stangen waschen, längs halbieren und schräg in ca. 2 cm große Stücke schneiden – die Spitzen ganz lassen. Die Brühe aufkochen lassen und vorsichtig salzen. Die Spargelstücke und das Weiße von den Frühlingszwiebeln darin etwa 1 Minute kochen. Zucchinischeiben und Spargelspitzen dazugeben und etwa 1 Minute mitgaren. Zuckerschotenhälften und das Grün der Frühlingszwiebeln hinzufügen und nochmals 1 Minute köcheln lassen. Tofu in der Suppe erwärmen, anrichten und mit Kerbel bestreut servieren.

Rotes Veggie-Süppchen

1 Karotte, in Scheiben
1 gelbe Paprika, in Würfeln
1 kleine Zucchini, in feinen Scheiben
1 kleine Zwiebel, in Würfeln
1 Knoblauchzehe, in feinen Scheiben
1 EL Olivenöl
250 ml Gemüsebrühe
200 g Tomaten aus der Dose
125 g weiße Bohnen aus der Dose
Salz, Pfeffer
2–3 Stängel Kräuter nach Wahl, gehackt

2 Portionen, Zubereitungszeit: 25 Minuten
NÄHRWERT pro PORTION: 183 kcal, KH: 18 g, F: 8 g, E: 8 g

Das Öl in einem Topf erhitzen und Zwiebel und Knoblauch darin kurz andünsten. Karotte, Paprika und Zucchini hinzugeben und unter Rühren 2 Minuten mitdünsten. Brühe und Tomaten mit der Flüssigkeit zugeben. Zum Kochen bringen und zugedeckt bei schwacher Hitze etwa 10 Minuten kochen lassen.
Die Bohnen zu der Suppe in den Topf geben und weitere 5 Minuten bei schwacher Hitze köcheln lassen. Mit Salz und Pfeffer abschmecken und mit den Kräutern bestreut servieren.

Tomatensuppe

1 Zwiebel, geschält, fein gehackt
1 Knoblauchzehe, geschält, fein gehackt
1 EL Olivenöl
400 g Tomaten
(frisch gewürfelt oder aus der Dose)
250 ml Gemüsebrühe
1 kleines Lorbeerblatt
1 Prise Stevia
Salz, Pfeffer, Cayennepfeffer
1/2 TL Oregano, gerebelt
Ein paar Basilikumblätter

2 Portionen, Zubereitungszeit: 30 Minuten
NÄHRWERT pro PORTION: 83 kcal, KH: 6 g, F: 5 g, E: 2 g

Das Öl in einem Topf erhitzen, Zwiebel und Knoblauch darin glasig dünsten. Tomaten, Brühe und Lorbeerblatt hinzugeben. Mit Stevia, Salz, Pfeffer, Cayennepfeffer und Oregano würzen. Die Suppe aufkochen und zugedeckt etwa 15 Minuten bei schwacher Hitze köcheln lassen. Das Lorbeerblatt entfernen. Die Suppe mit einem Stabmixer pürieren. Tomatensuppe nochmals aufkochen lassen und mit den Gewürzen abschmecken.
Mit den Basilikumblättern garniert servieren.

Karfiol-Lauch-Suppe

1 Zwiebel, fein gewürfelt
1 Stange Lauch (Porree), in Ringen
1 kleiner Karfiol (Blumenkohl), in Röschen
1 EL Olivenöl
250 ml Gemüsebrühe
250 ml Milch (0,1 % Fett)
Salz, Pfeffer, Muskat
1 Bund Schnittlauch, gehackt

2 Portionen, Zubereitungszeit: 35 Minuten
NÄHRWERT pro PORTION: 190 kcal, KH: 24,1 g, F: 6,1 g, E: 10,5 g

Zwiebelwürfel und die weißen Ringe vom Lauch in heißem Öl etwa 5 Minuten unter Rühren anschwitzen. Den Karfiol und die grünen Lauchringe (nicht zu viel davon) dazugeben, mit der Brühe und der Milch angießen und kurz aufkochen lassen (Vorsicht: die Milch geht leicht über). Dann auf niedriger Temperatur das Gemüse 10–15 Minuten köcheln lassen. Die Suppe fein pürieren, mit Salz, Pfeffer und Muskat abschmecken und mit Schnittlauch garnieren.

Wachauer Tomaten-Marillen-Süppchen

1 Zwiebel, geschält, gehackt
200 g reife Marillen (Aprikosen), entkernt, halbiert oder geviertelt
1/2 Vanilleschote, längs halbiert, Mark herausgekratzt
1 EL Olivenöl
2 TL Tomatenmark
150 ml Gemüsebrühe
1 Dose Tomaten (400 g)
1 Lorbeerblatt
Salz, Pfeffer
Ein paar Basilikumblätter
100 g Joghurt (0,1 % Fett)
Chiliflocken zum Garnieren

2 Portionen, Zubereitungszeit: 40 Minuten
NÄHRWERT pro PORTION: 160 kcal, KH: 17 g, F: 6 g, E: 6 g

Das Öl in einem Topf erhitzen, die Zwiebel darin glasig dünsten. Die Marillen dazugeben und unter Rühren 2–3 Minuten mitdünsten. Das Tomatenmark unterrühren und ebenfalls etwa 2 Minuten mitdünsten. Mit Brühe und Tomaten ablöschen, Vanillemark und -stange und das Lorbeerblatt dazugeben. Die Suppe aufkochen und zugedeckt bei kleiner Hitze etwa 10 Minuten köcheln lassen. Mit einem Klecks Joghurt, ein paar Chiliflocken (nach Belieben) und ein paar Blättern Basilikum garniert servieren.

Karotten-Gemüse-Suppe

350 g Karotten, abgebürstet, in Scheiben
1 Karotte, abgebürstet, im Ganzen
10 cm frischer Ingwer, abgebürstet, fein gerieben
10 g Mandelblättchen, gehackt
1/2 Bund Petersilie, gehackt
1 Bio-Zitrone, 1 TL abgeriebene Schale, 2 TL Saft
3 EL Parmesan, frisch gerieben
Salz, Pfeffer
2 EL Sojacreme
1 TL Rapsöl
200 ml Gemüsebrühe

2 Portionen, Zubereitungszeit: 45 Minuten
NÄHRWERT pro PORTION: 165 kcal, KH: 12 g, F: 9 g, E: 7 g

Karotten und Ingwer in der Brühe aufkochen und zugedeckt etwa 20 Minuten weich garen lassen. Die Mandeln in einer Pfanne ohne Fett goldgelb rösten, dann abkühlen lassen und hacken. Die Mandelblättchen, Petersilie, Käse, 1TL Zitronensaft und -schale im Mörser (Hacker) zu einem eher trockenen Pesto verarbeiten, dann die Mischung nach Geschmack mit Salz und Pfeffer abschmecken.

Die Suppe vom Herd nehmen, Sojacreme dazugeben und mit dem Stabmixer pürieren. Mit Salz, Pfeffer und 1 TL Zitronensaft würzen. Für die Gemüsenudeln die Karotte mit einem Julienneschäler in dünne Nudeln schneiden. Die Suppe mit den Gemüsenudeln und einem Klecks Pesto garnieren.

Sojacreme verfeinert die Suppe und macht sie schön cremig. Sie ist rein pflanzlich, enthält kein Cholesterin und liefert im Vergleich zu normalem Schlagobers (Sahne) bzw. Rahm (saure Sahne) deutlich weniger Kalorien (etwa 155 Kilokalorien pro 100 ml). Zudem punktet Sojacreme mit einem geringeren Fettgehalt von nur 17 Prozent (variiert von Sorte zu Sorte ein wenig) und einem hohen Anteil an ungesättigten Fettsäuren. Keine Angst: Der leichte Geschmacksunterschied zum herkömmlichen Schlagobers (Schlagsahne, aus Kuhmilch) fällt in gekochter Form überhaupt nicht mehr auf. Sojacreme gibt es z. B. von Joya, von Alpro (gut sortierte Supermärkte, dm), Provamel (Biomarkt), cresoy (kein Eigengeschmack, Biomarkt). Aufschlagbar ist allerdings nur die Sojasahne von Soyatoo (Biomarkt, Reformhaus). Sie ist im originalverpackten Zustand lange haltbar, einmal geöffnet sollte sie aber innerhalb weniger Tage verbraucht werden.

Brokkolicremesuppe

1 kg Brokkoli,
Röschen und geschälter Stiel
klein geschnitten
1 rote Paprika, gewürfelt
500 ml Gemüsebrühe
250 ml Milch (0,1 % Fett)
50 g Schmelzkäse mit Kräutern
Salz, Cayennepfeffer, Muskat

2 Portionen, Zubereitungszeit: 25 Minuten
NÄHRWERT pro PORTION: 259 kcal, KH: 30,5 g, F: 10,5 g, E: 19,5 g

8 bis 10 kleine, zarte Brokkoliröschen beiseite legen, den Rest schneiden. Die Brühe mit der Milch aufkochen und den geschnittenen Brokkoli darin etwa 5 Minuten kochen lassen, bis er weich ist. Mit dem Stabmixer pürieren, die ganzen Röschen unterheben und die Suppe nochmals bei geringer Hitze etwa 2 Minuten köcheln lassen, bis die Röschen bissfest sind. Den Käse unterrühren, darin schmelzen lassen, mit Salz, Pfeffer und Muskat abschmecken und mit Paprikawürfeln bestreut servieren.

Mallorquinische Knoblauchsuppe

12 Knoblauchzehen, geschält
2 Scheiben Vollkorntoast, zerbröselt
1 TL Olivenöl
2 Tomaten, in Würfeln
500 ml Gemüsebrühe
1 kleines Lorbeerblatt
1 Prise Oregano
1 Prise Chilipulver
2 EL Petersilie, gehackt

2 Portionen, Zubereitungszeit: 25 Minuten
NÄHRWERT pro PORTION: 191 kcal, KH: 21,5 g, F: 12,3 g, E: 5 g

Knoblauch und Brot in Olivenöl unter Rühren kurz anrösten. Die Tomatenwürfel dazugeben und unter Rühren kurz einkochen lassen. Mit der Brühe aufgießen, mit Lorbeerblatt, Oregano und Chili würzen und aufkochen lassen. Die Suppe zugedeckt 20 Minuten köcheln lassen, bis die Knoblauchzehen weich sind. Das Lorbeerblatt entfernen, die Suppe mit dem Stabmixer pürieren, durch ein Sieb streichen und mit Petersilie garniert servieren.

Ruck-Zuck-Kürbissuppe

1 Zwiebel, geschält, gehackt
500 g Kürbis, geschält, entkernt, in Würfeln
1 rote Paprika, gewürfelt
3 Tomaten, gewürfelt
2 EL Olivenöl
500 ml Gemüsebrühe
Salz, Chilipulver
2 EL Petersilie, gehackt

2 Portionen, Zubereitungsszeit: 25 Minuten
NÄHRWERT pro PORTION: 151 kcal, KH: 14,5 g, F: 7,3 g, E: 4,2 g

Das Öl in einem Topf erhitzen und die Zwiebel darin glasig dünsten. Kürbis, Tomaten, Paprika und Brühe dazugeben. Mit Salz und Chilipulver würzen. Die Suppe zum Kochen bringen und zugedeckt etwa 15 Minuten köcheln lassen. Die Suppe mit einem Stabmixer fein pürieren und mit Petersilie bestreuen.

Karotten-Sellerie-Suppe mit Zucchini-Einlage

1 Zwiebel, gehackt
5 große Karotten, in dünne Scheiben
1/2 Knollensellerie, gewürfelt
2 TL Olivenöl
800 ml Gemüsebrühe
1 Handvoll Liebstöckel, gehackt
Abgeriebene Schale von 1/4 Bio-Zitrone
2 kleine Zucchini,
nicht geschält, klein gewürfelt
1 Handvoll Basilikum, in feinen Streifen
1 Knoblauchzehe, gehackt
Salz, Muskat

2 Portionen, Zubereitungszeit: 25 Minuten
NÄHRWERT pro PORTION: 122 kcal, KH: 12 g, F: 6 g, E: 4 g

In einem beschichteten Topf 1 TL Olivenöl erhitzen, Zwiebel darin glasig dünsten. Karotten und Sellerie zugeben, kurz anbraten und mit der Suppe aufgießen. Liebstöckel, eine Prise Muskat und Zitronenschale untermischen, aufkochen lassen und zugedeckt etwa 10 Minuten köcheln. Mit dem Mixstab fein pürieren. 1 TL Olivenöl in einer beschichteten Pfanne erhitzen und Knoblauch darin kurz anbraten. Zucchiniwürfel zugeben und unter Rühren kurz anbraten. Dann leicht salzen, das Basilikum untermischen und aus der Pfanne nehmen. Die Suppe anrichten, mit den Zucchini bestreuen und servieren.

Karottensuppe

300 g Karotten, in Scheiben
1 Schalotte, gewürfelt
1 EL Rapsöl
400 ml Gemüsebrühe
75 ml Orangensaft
1 EL Sojasauce
1 getrocknete Chilischote
2 EL Kochcreme (bis zu 5 % Fett)
2 cm Ingwer, fein gehackt
1 Beet Kresse, grob gehackt
Salz, Pfeffer

2 Portionen, Zubereitungszeit: 30 Minuten
NÄHRWERT pro PORTION: 179 kcal, KH: 14 g, F: 12 g, E: 4 g

Das Öl erhitzen und die Schalotten darin glasig dünsten. Die Karotten unterrühren, kurz andünsten lassen und mit Brühe und Saft aufgießen. Die Sojasauce einrühren und die Chilischote einlegen. Alles bei milder Hitze etwa 15 Minuten köcheln lassen, bis die Karotten weich sind. Ingwer, Kochcreme und Kresse gut verrühren. Die Chilischote herausfischen und die Suppe im Mixer fein pürieren. Mit Salz und Pfeffer abschmecken und mit einem Klecks Ingwercreme garniert servieren.

Diese Karottensuppe ist nicht nur sehr schlank, sondern auch sehr feurig – und scharf macht bekanntlich ja auch schlank. Die Schärfe des Ingwers und der Chilischote (wer mag, kann die Schote auch mitpürieren) kurbelt den Stoffwechsel ordentlich an und lässt den Körper so mehr Energie verbrauchen.

Lavendel-Tomaten-Schale

500 g Tomaten
1 Zwiebel, gewürfelt
1 Knoblauchzehe, fein gehackt
1 TL Olivenöl
150 ml Gemüsebrühe
Salz, Pfeffer, Tabasco
Kleiner Lavendelzweig, möglichst mit Blüten, Blätter gehackt

2 Portionen, Zubereitungszeit: 30 Minuten
NÄHRWERT pro PORTION: 89 kcal, KH: 8 g, F: 5 g, E: 3 g

Tomaten kurz in heißes Wasser legen, häuten und ohne Stielansatz grob würfeln. Zwiebel in Öl glasig dünsten, den Knoblauch hineinpressen. Die Tomaten hinzufügen, mit der Brühe aufgießen und mit Salz, Pfeffer und vorsichtig Tabasco abschmecken. Die Lavendelblätter dazugeben und bei schwacher Hitze zugedeckt etwa 20 Minuten köcheln lassen. Die Suppe mit Lavendelblüten garniert servieren. Anstelle von Lavendel passt auch Basilikum sehr gut.

Schnelle Rote-Rüben-Suppe

250 g Rote Rüben (Rote Bete)
15 g Halbfettmargarine
1 Zwiebel, gewürfelt
375 ml Gemüsebrühe
Saft von 1/2 Zitrone
Salz, Pfeffer
2 EL Kochcreme (bis 5 % Fett)

2 Portionen, Zubereitungszeit: 1 Stunde
NÄHRWERT pro PORTION: 167 kcal, KH: 17 g, F: 7,9 g, E: 4,8 g

Rote Rüben in Salzwasser etwa 40 Minuten kochen, anschließend in kaltem Wasser abkühlen lassen, mit Handschuhen schälen und klein würfeln. Die Zwiebeln in Margarine glasig dünsten und dann die Rüben zugeben. Mit Brühe aufgießen und 10 Minuten köcheln lassen. Alles pürieren, mit Salz, Pfeffer und Zitronensaft abschmecken und mit einem Klecks Kochcreme servieren.

Tipp: Mit etwas Schnittlauch garniert verleihen Sie dieser Suppe eine zusätzliche Note.

Indische Mung-Dal-Suppe

75 g rote Linsen
1 kleine Zwiebel, gehackt
1 Knoblauchzehe
1 Tomate, entkernt, enthäutet, gewürfelt
1 EL Pflanzenöl
3–5 cm Ingwer, frisch gerieben
1/2 TL Kreuzkümmel
1/2 TL schwarze Senfkörner
1/2 TL Kurkuma
1 EL Kokosraspel
500 ml Gemüsebrühe
Salz, Cayennepfeffer
1/2 Bund Koriandergrün, grob gehackt
1 Spritzer Zitronensaft

2 Portionen, Zubereitungszeit: 40 Minuten
NÄHRWERT pro PORTION: 200 kcal, KH: 18 g, F: 8,5 g, E: 11 g

Das Öl in einem Topf erhitzen, Zwiebel darin 2 Minuten andünsten. Knoblauch, Ingwer, Kümmel, Senfkörner, Kurkuma und Kokosraspel dazugeben und unter Rühren 1 Minute mitbraten. Brühe zugießen, Linsen, Tomaten und eine Prise Salz dazugeben. Aufkochen und bei kleiner Hitze 30–40 Minuten leise kochen lassen, bis die Linsen weich sind und die Suppe schön sämig ist. Die Suppe mit Salz, Pfeffer und Zitronensaft abschmecken und mit Koriander bestreut servieren.

Karotten-Orangen-Suppe

375 g Karotten, in Scheiben
1 Zwiebel, fein gewürfelt
1 TL Olivenöl
Salz, Pfeffer
100 ml Orangensaft
Ein paar Blätter Petersilie

2 Portionen, Zubereitungszeit: 50 Minuten
NÄHRWERT pro PORTION: 137 kcal, KH: 16,3 g, F: 7 g, E: 2,3 g

Das Öl in einem Topf erhitzen und die Zwiebeln etwa 5 Minuten bei geringer Hitze glasig schwitzen – dabei gelegentlich umrühren. Die Karotten zugeben, kurz andünsten lassen und mit etwa 500 ml Wasser aufgießen. Mit Salz und Pfeffer würzen und aufkochen lassen, dann die Hitze verringern und etwa 30 Minuten köcheln lassen, bis die Karotten sehr weich sind. Die Suppe pürieren und den Orangensaft einrühren. Nochmals gut umrühren, eventuell noch mal kurz pürieren und mit jeweils ein paar Blättern Petersilie dekoriert servieren.

Tipp. Schmeckt mit Curry auch sehr gut.

Orangensaft entweder selbst pressen oder als Direktsaft kaufen. Denn alle anderen Säfte sind entweder aus Konzentrat *(FCOJ steht für frozen concentrated orange juice)* und/oder verfügen nur über einen sehr geringen Orangenanteil (Nektar mindestens 50 Prozent, Saftgetränk gar nur mindestens sechs Prozent). Außerdem werden auch noch viele andere Zusätze – allen voran Zucker – untergemischt. Deshalb: Augen auf beim Saftkauf!

Bunte Kohlsuppe

2 kleine Karotten, in Scheiben
4 Frühlingszwiebeln, in Ringen
2 kleine Stängel Stangensellerie
1 grüne Paprika
1/2 Weißkohl, in mundgerechten Stücken
500 ml Gemüsebrühe
150 g Dose Tomaten, in Stücken
Salz, Pfeffer

2 Portionen, Zubereitungszeit: 30 Minuten
NÄHRWERT pro PORTION: 98 kcal, KH: 15,4 g, F: 1 g, E: 4 g

Die Brühe, die Tomaten und das Gemüse in einem Topf zugedeckt etwa 20 Minuten bei mittlerer Hitze garen lassen, bis das Gemüse weich ist. Zum Schluss mit Salz und Pfeffer abschmecken.

Hot Asia Soup

10 cm frischer Ingwer, gebürstet, gewürfelt
1 Knoblauchzehe, geschält, in feinen Streifen
1 Stängel Zitronengras, in groben Stücken
1 Kaffir-Limettenblatt
1 Karotte, in feinen Stiften
500 ml Gemüsebrühe
1 kleine Chilischote, entstielt, entkernt, in Stiften
1/2 Bund Frühlingszwiebeln, in Ringen
80 g Shiitake-Pilze (Ersatz: Champignons), in Scheiben
80 g Zuckerschoten, entfädelt, halbiert
150 g Tofu, natur, in mundgerechten Würfeln
Saft von 1 Limette
1 Schuss Sojasauce

2 Portionen, Zubereitungszeit: 25 Minuten
NÄHRWERT pro PORTION: 184 kcal, KH: 19 g, F: 5 g, E: 16 g

Die Brühe in einem Topf zum Kochen bringen. Karottenstifte, Ingwer- und Knoblauchscheiben, Zitronengrasstücke und Limettenblätter hinzugeben und noch einmal zum Kochen bringen. Die Chilistücke in die Suppe geben und etwa 10 Minuten bei schwacher Hitze zugedeckt kochen lassen.

Die Suppe mit Sojasauce und Limettensaft würzen. Frühlingszwiebeln, Pilze und Zuckerschoten hinzufügen und bei schwacher Hitze etwa 7 Minuten köcheln lassen. Nach der halben Zeit den Tofu dazugeben.

Dieses wichtige thailändische Gewürz hat viele Namen: Kaffir-Zitronenblätter, Kaffir-Limettenblätter oder Kaffir-Limonenblätter, botanisch: Citrus hystrix. In Thailand nennt man die Blätter „Bai makrut“. Die Zitronenblätter werden ganz oder in feine Streifen geschnitten den Gerichten zugegeben, zu einigen Gerichten serviert man gerne knusprig frittierte Kaffir-Limettenblätter. Die aromatischen Blätter werden im Normalfall (außer in feine Streifen geschnitten) nicht mitgegessen, man schiebt sie einfach an den Tellerrand. Am besten verwendet man die frischen Zitronenblätter, die man hierzulande in Asiashops kaufen kann. Nicht verwendete Blätter lassen sich gut einfrieren oder trocknen, getrocknete Limettenblätter verlieren jedoch schnell ihr Aroma.

Polnische Buchweizensuppe

1/2 Fenchelknolle, in dünnen Streifen
30 g Buchweizen, grob geschrotet
1 EL Halbfettmargarine
300 ml Gemüsebrühe
1/2 Bund Petersilie, gehackt
Salz, Pfeffer

2 Portionen, Zubereitungszeit: 25 Minuten
NÄHRWERT pro PORTION: 98 kcal, KH: 10,8 g, F: 4,9 g, E: 2,5 g

1 TL der Margarine in einem Topf erhitzen und dabei leicht aufschäumen lassen. Den Buchweizenschrot kurz mit heißem Wasser spülen, dann in den Topf geben und unter Rühren so lange anrösten, bis er zart-würzig duftet. Die Brühe zugießen und unter Rühren aufkochen lassen, dann die Suppe zugedeckt bei schwacher Hitze etwa 10 Minuten sanft köcheln lassen, dabei einige Male umrühren, damit der Schrot nicht anbrennt. 5 Minuten vor Ende der Garzeit die Fenchelstreifen zufügen.
Mit Salz und Pfeffer abschmecken und mit Petersilie bestreut servieren.

Gemüsetopf mit Spargel

1 EL Olivenöl
1 kleine Zwiebel, gehackt
1/2 Bund Petersilie, im Ganzen
4 Liebstöckelzweige, im Ganzen
600 ml Gemüsebrühe
200 g weißer Spargel, kleine Stücke
2 Karotten, in Scheiben
1/2 Stange Lauch (Porree), in Scheiben
Abgeriebene Schale und
Saft von 1/2 Bio-Zitrone
1 Handvoll Basilikum, fein gehackt
Salz, Pfeffer, Muskat
2 EL Joghurt (0,1 % Fett)

2 Portionen, Zubereitungszeit: 30 Minuten
NÄHRWERT pro PORTION: 102 kcal, KH: 7 g, F: 5,5 g, E: 4 g

Zwiebel in Öl glasig dünsten, mit der Brühe aufgießen, aufkochen lassen und 5 Minuten köcheln lassen. Spargel, Karotten, Lauch, Zitronenschale, Petersilie und Liebstöckel dazugeben und zugedeckt weitere 10 Minuten köcheln lassen – das Gemüse sollte al dente sein. Petersilie und Liebstöckel herausnehmen, mit Salz, Pfeffer und Muskat abschmecken – zuletzt das Basilikum untermischen. Das Joghurt mit Zitronensaft und Salz abschmecken und jeweils einen Klecks auf die Suppe geben.

Birnen-Sellerie-Topf

1 kleiner Knollensellerie, in kleinen Stücken
1 kleine Zwiebel, fein geschnitten
1 TL Olivenöl
500 ml Gemüsebrühe
2 mittelgroße Birnen, klein geschnitten
Salz, Pfeffer
Birnenscheiben zum Garnieren

2 Portionen, Zubereitungszeit: 35 Minuten
NÄHRWERT pro PORTION: 165 kcal, KH: 21,2 g, F: 8,1 g, E: 2 g

Das Öl in einem Topf erhitzen und die Zwiebel darin einige Minuten bei geringer Hitze anschwitzen. Den Sellerie dazugeben, mit der Brühe angießen, aufkochen lassen und etwa 20 Minuten bei mittlerer Hitze garen. Wenn der Sellerie weich ist, die Birnen zugeben und kurz mit köcheln lassen. Dann die Suppe pürieren und mit Salz und Pfeffer abschmecken. Mit einer Birnenscheibe garniert servieren.

Für diese Suppe sind etwas festere, nicht ganz reife Birnen zu empfehlen. Birnen sättigen sehr schnell, sind verdauungsfördernd und 100 Gramm haben nur 54 Kilokalorien.

Pastinakencremesuppe

500 ml Gemüsebrühe
200 g Pastinaken, in kleinen Stücken
1 große Kartoffel, gewürfelt
8 Frühlingszwiebeln, in Ringen
1 Prise Galgant
1 cm Ingwer, fein gehackt
1/2 Bund Petersilie, gehackt
1 TL Kürbiskernöl

2 Portionen, Zubereitungszeit: 25 Minuten
NÄHRWERT pro PORTION: 88 kcal, KH: 7 g, F: 5 g, E: 2,5 g

Die Brühe aufkochen lassen, Pastinaken, Kartoffel und Zwiebeln dazugeben und mit Galgant und Ingwer würzen. Etwa 10 Minuten köcheln lassen, bis das Gemüse weich ist, und dann mit dem Mixer pürieren. Anschließend mit Petersilie bestreuen und mit ein paar Tropfen Kürbiskernöl beträufeln und servieren.

Linsencurry

40 g rote Linsen
400 ml Gemüsebrühe
2 TL Currypulver
1 Stängel Stangensellerie, in dünnen Scheiben, das Grün grob gehackt
Salz, Pfeffer
2 EL Joghurt (0,1 % Fett)

2 Portionen, Zubereitungszeit: 20 Minuten
NÄHRWERT pro PORTION: 81 kcal, KH: 11 g, F: 1 g, E: 6 g

Die Linsen in der Suppe aufkochen lassen, Currypulver zugeben und zugedeckt 8 Minuten bei kleiner Hitze köcheln. Die Selleriescheiben in die Suppe geben und weitere 4 Minuten garen lassen, bis der Sellerie bissfest ist. Mit Salz und Pfeffer abschmecken und die Suppe mit einem Klecks Joghurt anrichten.

Tipp: Sie können die Suppe zusätzlich auch mit Selleriegrün garnieren.

Tomatensuppe mit Brokkoli

250 g passierte Tomaten
1 kleine Schalotte, fein gehackt
100 g Brokkoli
Etwas Apfelessig
1 TL Halbfettmargarine
1 TL Johannisbrotkernmehl
Salz, Stevia

2 Portionen, Zubereitungszeit: 15 Minuten
NÄHRWERT pro PORTION: 79 kcal, KH: 9 g, F: 3 g, E: 4 g

Schalotte in Margarine anschwitzen, mit Mehl stauben und mit Apfelessig ablöschen. Die Tomaten und etwa 250 ml Wasser hinzufügen und köcheln lassen. Brokkoliröschen dazugeben, mit Salz und Stevia abschmecken und bei geringer Hitze fertig garen, bis der Brokkoli weich ist.

Petersilienschale

1 Schalotte, fein gehackt
4 TL Sojaöl
400 ml Gemüsebrühe
1 Knoblauchzehe, gehackt
1 Scheibe Vollkornbrot (ohne Zuckerzusatz), in kleinen Würfeln
2 Bund Petersilie, gehackt
1 Beet Kresse
150 g Joghurt (0,1 % Fett bzw. ein vergleichbares Soja-Produkt)
Saft von 1/2 Zitrone
Salz, Pfeffer

2 Portionen, Zubereitungszeit: 20 Minuten
NÄHRWERT pro PORTION: 162 kcal, KH: 15g, F: 12 g, E: 5 g

Schalotte in 2–3 TL Öl glasig dünsten, mit der Brühe aufgießen und aufkochen lassen. Die Petersilie in die Suppe geben und 2–3 Minuten köcheln lassen. Vom Herd nehmen, fein pürieren und durch ein Sieb gießen. Joghurt und Zitronensaft mit der Gabel etwas cremig rühren, unter die Suppe ziehen und mit Salz und Pfeffer abschmecken.

Das restliche Öl in einer beschichteten Pfanne erhitzen, den Knoblauch darin andünsten und die Brotwürfel von allen Seiten knusprig anrösten. Die Suppe mit Kresse und Brotwürfeln bestreut servieren.

Petersilie liefert – genauso wie Brennnesselblätter – viel Vitamin C und ist daher sehr hilfreich bei der Fettverbrennung. Schon ein einziger Esslöffel zerhackte Petersilie strafft das Bindegewebe, regt den Stoffwechsel und die Fettverbrennung an. Und nicht zuletzt ist Vitamin C ein Top-Radikalfänger, der das Immunsystem unterstützt. Aber auch die Kresse kann die gute Figur unterstützen: Dieses Kraut stärkt den Darm, es fördert die Verdauung und wirkt sogar ein wenig abführend.

Apfel-Sellerie-Suppe

2 Äpfel, in kleinen Stücken
1 Knollensellerie, in kleinen Stücken
2 Schalotten, fein gehackt
750 ml Gemüsebrühe
250 ml Milch (0,1 % Fett)
2 TL Rapsöl
6 Wacholderbeeren

2 Portionen, Zubereitungszeit: 25 Minuten
NÄHRWERT pro PORTION: 136 kcal, KH: 14 g, F: 6 g, E: 7 g

In einem Topf etwas Öl erhitzen, die Schalotten darin goldbraun anschwitzen und den Sellerie hinzufügen. Das Ganze mit der Gemüsebrühe ablöschen und bei mittlerer Hitze zugedeckt etwa 10 Minuten köcheln lassen. Anschließend die Äpfel, die Milch sowie die Wacholderbeeren zugeben und unter gelegentlichem Umrühren so lange kochen, bis der Apfel weich ist. Die Suppe pürieren und mit Apfelstiften garnieren.

Tipp: Auch Petersilie eignet sich wunderbar zum Garnieren und bietet einen schönen farblichen Kontrast.

Schwarzwurzelsuppe

250 g Schwarzwurzeln, in Stücken
75 g Kartoffeln, in Stücken
1 TL Mehl
1 EL Apfelessig
2 kleine Schalotten, gewürfelt
2 TL Olivenöl
500 ml Hühnerbrühe
70 g Sojacreme
1 Bund Schnittlauch, in Röllchen
Salz, Pfeffer
Eventuell etwas Trüffelöl

2 Portionen, Zubereitungszeit: 45 Minuten
NÄHRWERT pro PORTION: 85 kcal, KH: 2,4 g, F: 1,9 g, E: 2,4 g

Mehl und Essig mit kaltem Wasser mischen, die Kartoffel- und Schwarzwurzelstücke hinzugeben und kurz darin ziehen lassen. Die Schalotten in Olivenöl anschwitzen, die Kartoffeln und Schwarzwurzeln (abgegossen und kurz abgespült) dazugeben, kurz andünsten lassen und mit der Suppe aufgießen. Aufkochen lassen und dann bei geringer Hitze 30 Minuten köcheln lassen. Die Suppe pürieren und durch ein enges Sieb streichen, anschließend mit Salz und Pfeffer abschmecken. Erneut aufkochen lassen und die geschlagene Creme unterrühren. Mit Schnittlauch bestreuen, eventuell mit ein paar Tropfen Trüffelöl beträufeln und servieren.

Kalte Gurkensuppe

125 g Topfen (Quark, 0,2 % Fett)
125 g Joghurt (0,1 % Fett)
125 ml Gemüsebrühe
1/2 Gurke, entkernt, gewürfelt
1 Knoblauchzehe, gehackt
1 TL Dille, gehackt
Salz, Pfeffer

2 Portionen, Zubereitungszeit: 10 Minuten
NÄHRWERT pro PORTION: 63 kcal, KH: 5,7 g, F: 2 g, E: 6,5 g

Alle Zutaten gemeinsam mixen und kalt stellen.
Die Suppe gut gekühlt servieren.

Tomaten-Joghurt-Schale

250 g Joghurt (0,1 % Fett)
70 ml Rinderbrühe
1/2 Dose geschälte Tomaten, zerkleinert
1 EL frische Zitronenmelisse, fein gehackt
1/2 TL frischer Koriander, fein gehackt
1/2 kleine Chilischote, fein gehackt
1 EL Zitronensaft
Salz, Pfeffer
1 TL Olivenöl

2 Portionen, Zubereitungszeit: 20 Minuten
NÄHRWERT pro PORTION: 62 kcal, KH: 9 g, F: 1 g, E: 5,5 g

Die Tomaten zerkleinern und mit den Kräutern und den Chilistücken (nach Geschmack) vermischen.
Das Joghurt mit Eigelb, Brühe, Zitronensaft und Öl verquirlen. Danach die Tomatenmischung unterrühren, gut erwärmen und mit Salz und Pfeffer abschmecken.

Brunnenkressesuppe

1 EL Rapsöl
1 kleine Zwiebel, fein gehackt
400 ml Gemüsebrühe
2 kleine Kohlrabi, kleine Stücke
100 g Brunnenkresse oder Gartenkresse, grob gehackt
Salz, Pfeffer, Muskat

2 Portionen, Zubereitungszeit: 25 Minuten
NÄHRWERT pro PORTION: 88 kcal, KH: 6 g, F: 5 g, E: 4 g

Die Zwiebel in Öl glasig dünsten, mit der Brühe aufgießen, aufkochen und dann zugedeckt bei geringer Hitze 10 Minuten köcheln lassen. Kohlrabi dazugeben, mit Muskat fein würzen und weitere 5 Minuten köcheln lassen, bis die Kohlrabi weich sind. Die Kresse in die Suppe rühren und mit dem Mixer pürieren.

Stars wie z. B. Liz Hurley schwören auf Brunnenkresse zum Abnehmen. Ja, und Kresse kann wirklich einiges für die Figur tun. Ob Brunnen- oder Gartenkresse, das Kraut hat kaum Kalorien, dafür aber einiges an Jod, das für die Schilddrüse und den Stoffwechsel gut ist und zu schnellerem Sättigungsgefühl führt. Zusätzlich liefert Kresse auch Chrom, das auch den Hunger schneller stillt. Aber Achtung: Kresse baut seine wertvollen Inhaltsstoffe schon nach kurzer Zeit ab – daher immer möglichst frisch verwenden.

Fruchtig-herbe Lauchsuppe

100 g Joghurt (0,1 % Fett)
1 Stange Lauch (Porree), in feinen Ringen
1 EL Öl
500 ml Gemüsebrühe
6 Blätter frischer Salbei, klein geschnitten
Muskat, frisch gerieben
1 mittelgroße Kartoffel, geschält, gewürfelt
50 ml trockener Most (Apfelwein)
Abgeriebene Schale von 1/2 Bio-Zitrone
Salz, Pfeffer

2 Portionen, Zubereitungszeit: 30 Minuten
NÄHRWERT pro PORTION: 112 kcal, KH: 8 g, F: 6 g, E: 3 g

Die Lauchringe in heißem Öl etwa 5 Minuten anbraten (nicht bräunen), dann die Kartoffel zugeben, kurz dünsten und mit der Brühe aufgießen. Zugedeckt etwa 15 Minuten kochen, bis das Gemüse weich ist. Nun den Salbei zugeben und die Suppe mit einem Stabmixer fein pürieren. Anschließend mit Salz, Pfeffer und Muskat abschmecken. Die Suppe auf Zimmertemperatur abkühlen lassen und dann Most, Zitronenschale und das Joghurt unterrühren. Anschließend die Suppe im Kühlschrank kalt stellen und danach mit Salbei garniert servieren.

Kraut-Rahm-Suppe

100 g Weißkraut (Weißkohl), klein geschnitten
1 kleine Zwiebel, fein gehackt
1 EL Halbfettmargarine
1 EL Tomatenmark
500 ml Gemüsebrühe
1 kleine Kartoffel, geschält, im Ganzen
1/2 TL Kümmel, gemahlen
1 TL Kochcreme (bis 5 % Fett)
Salz, Pfeffer
50 g magerer Hartkäse zum Garnieren, gerieben

2 Portionen, Zubereitungszeit: 30 Minuten
NÄHRWERT pro PORTION: 138 kcal, KH: 12,1 g, F: 5,2 g, E: 13,2 g

Zwiebel und Kraut in der Margarine anrösten, Tomatenmark untermischen, kurz mitdünsten und mit der Brühe ablöschen. Mit Salz, Pfeffer und Kümmel abschmecken, die Kartoffel dazugeben und 15 Minuten auf mittlerer Flamme kochen lassen. Kartoffel herausnehmen, Kochcreme einrühren (nicht mehr kochen lassen!) und mit Käse bestreut servieren.

Kaufen Sie Pflanzenmargarine, die nur aus pflanzlichen Fetten und Ölen besteht, mindestens 15 Prozent davon sind Linolsäure, die indirekt auf den Fettabbau der Zellen wirkt.

Rote-Rüben-Eintopf

200 g Rote Rüben (Rote Bete), geschält, in Stücken
150 g Kartoffeln, geschält, in Stücken
125 g Karotten, gebürstet, in Stücken
125 g Weißkraut (Weißkohl), in Streifen
1 kleine Zwiebel, fein gewürfelt
1 Knoblauchzehe, fein gewürfelt
1 EL Pflanzenöl
1 Lorbeerblatt
2 Pimentkörner
600 ml Gemüsebrühe
Salz, Pfeffer
50 g milder Feta-Käse
Petersilie

2 Portionen, Zubereitungszeit: 40 Minuten
NÄHRWERT pro PORTION: 215 kcal, KH: 20,5 g, F: 8,5 g, E: 9 g

Das Öl in einem Topf erhitzen, Zwiebel und Knoblauch darin glasig dünsten. Rote Rüben, Lorbeerblatt und Pimentkörner dazugeben und mit der Brühe aufgießen. Aufkochen und bei mittlerer Hitze 15 Minuten kochen lassen. Kartoffeln, Karotten und Kraut untermischen und alles noch etwa 20 Minuten köcheln lassen. Den Eintopf mit Salz und Pfeffer abschmecken. Den Käse zerbröckeln und darüber verteilen. Petersilie darüber streuen.

Gurkensüpplein

300 g Bio-Gurke, entkernt, gewürfelt
1 kleine Zwiebel, gewürfelt
1 Knoblauchzehe, gewürfelt
1/2 Bund Petersilie, gehackt
1 Handvoll Kerbel, gehackt
3 Dillzweige, gehackt
400 ml Gemüsebrühe
2 EL Joghurt (0,1 % Fett)
Salz, Pfeffer, Muskat

2 Portionen, Zubereitungszeit: 15 Minuten
NÄHRWERT pro PORTION: 40 kcal, KH: 4 g, F: 1 g, E: 2 g

Gurke, Zwiebel, Knoblauch und die Kräuter in 4 EL Gemüsebrühe andünsten. Mit der restlichen Suppe aufgießen, Joghurt unterrühren und zugedeckt bei schwacher Hitze etwa 15 Minuten garen lassen. Fein pürieren und mit Salz, Pfeffer und Muskat abschmecken.

Tipp: Achten Sie darauf, dass Sie eine möglichst feste Gurke bekommen.

Mit einem Wasseranteil von etwa 97 Prozent bei gleichzeitig minimaler Kalorienzahl (12 kcal/100 g) ist die Gurke das ideale Diätgemüse. Gurkenscheiben können auch den ganzen Tag als Snack zwischendurch gegessen werden. Biologisch gezogene Gurken verwenden Sie am besten ungeschält, weil der Großteil der wertvollen Mineralstoffe wie Kalzium oder Zink direkt unter der Schale sitzt.

Erbsensüppchen

300 ml Gemüsebrühe
300 g Erbsen (frisch oder tiefgekühlt)
150 ml Milch (0,1 % Fett)
50 g magerer Frischkäse
Kräutersalz, Pfeffer, Muskat
1 TL abgeriebene Schale von 1 Bio-Zitronee
Saft von 1 Bio-Zitrone
3 Stängel Minze
(oder Zitronenmelisse), gehackt
2 EL Joghurt (0,1 % Fett)

2 Portionen, Zubereitungszeit: 20 Minuten
NÄHRWERT pro PORTION: 200 kcal, KH: 24 g, F: 4 g, E: 18 g

Die Brühe in einem Topf aufkochen lassen und die Erbsen darin etwa 7–8 Minuten weich garen. Die Erbsen mit dem Stabmixer fein pürieren und durch ein nicht zu feines Sieb streichen. 100 ml der Milch und den Frischkäse einrühren und erhitzen, aber nicht mehr kochen lassen. Mit Kräutersalz, Pfeffer, Muskat, Zitronenschale und einem Spritzer Zitronensaft abschmecken. Die Suppe auf 2 Teller aufteilen. Die restliche Milch erhitzen, das Joghurt, eine Prise Salz und die Minze dazugeben und mit dem Stabmixer aufschäumen. Über die Suppe löffeln und mit einem Minzblättchen dekoriert servieren.

Paprikasuppe mit Champignons

1 Zwiebel, gewürfelt
1 Knoblauchzehe, fein gehackt
200 g mehlige Kartoffeln, gewürfelt
2 rote Paprika, in Streifen
100 g Champignons, in dünnen Scheiben
800 ml Gemüsebrühe
Abgeriebene Schale von1/2 Bio-Zitrone
Saft von 1 Bio-Zitrone
1/2 TL Korianderkörner
1 EL Schnittlauch, fein gehackt
Piment, Muskat
2 TL Olivenöl

2 Portionen, Zubereitungszeit: 30 Minuten
NÄHRWERT pro PORTION: 104 kcal, KH: 8 g, F: 6 g, E: 4 g

In einem beschichteten Topf 1 TL Olivenöl erhitzen und die Zwiebelwürfel darin goldgelb braten. Knoblauch, Kartoffeln und Paprika zugeben, unter Rühren kurz anbraten und mit Suppe aufgießen. Mit Piment, Muskat und Zitronenschale würzen und zugedeckt etwa 12 Minuten köcheln. Mit dem Mixstab fein pürieren und mit Zitronensaft abschmecken. In einer beschichteten Pfanne 1 TL Olivenöl erhitzen, Koriander kurz darin anrösten, Champignons zugeben und unter Rühren 1–2 Minuten bissfest braten. Suppe mit den Champignons anrichten und mit Schnittlauch bestreuen.

Spinatsuppe mit Hühnchen

90 g Hühnerbrustfilet, in möglichst dünnen Streifen
90 g frischer Spinat
500 ml Hühnerbrühe
1 TL Sojasauce
Stevia
3 Frühlingszwiebeln, fein gehackt
Saft von 1/2 Zitrone

2 Portionen, Zubereitungszeit: 25 Minuten
NÄHRWERT pro PORTION: 133 kcal, KH: 2,8 g, F: 9,5 g, E: 12,5 g

Die Spinatblätter kurz in heißem Wasser blanchieren, dann sofort mit kaltem Wasser abschrecken. Die Hühnerstreifen in heißem Wasser für etwa 3 Minuten kochen, bis sie weiß und durch sind (hängt von der Stärke des Fleisches ab). Spinat und Huhn abgießen. Die Brühe zum Kochen bringen und mit Sojasauce und eventuell etwas Stevia würzen. Danach den Spinat, das Fleisch und die Frühlingszwiebeln dazugeben und alles etwa 2 Minuten ganz sanft köcheln lassen, zum Schluss eventuell nochmals mit Sojasauce und Zitronensaft abschmecken.

Hühnertopf mit Kohl

1 Hühnerbrustfilet (ca. 150 g)
2 cm Ingwer, abgebürstet, frisch gerieben
1/2 TL Koriander
Pfeffer, Muskat
1 kleine Zwiebel, gehackt
250 g Kohl (Wirsing), in Streifen
1 kleine Karotte, in Scheiben
100 g Champignons, in Scheiben
1/2 Bund Petersilie, gehackt
2 TL Rapsöl
600 ml Gemüsebrühe

2 Portionen, Zubereitungszeit: 20 Minuten
NÄHRWERT pro PORTION: 180 kcal, KH: 6,9 g, F: 7,5 g, E: 21 g

Das Filet mit Ingwer, Koriander, Muskat und Pfeffer einreiben und etwa 15 Minuten ziehen lassen. In einem beschichteten Topf 1 TL Öl erhitzen und die Zwiebel darin goldgelb rösten. Das Hühnerfleisch dazugeben und rundum anbraten. Kohl, Karotte und die Hälfte der Petersilie hinzufügen, kurz andünsten und mit der Brühe aufgießen. Den Eintopf zugedeckt etwa 20 Minuten sanft köcheln lassen, dann das Fleisch herausnehmen und in mundgerechte Stücke schneiden. 1 TL Öl in einer Pfanne erhitzen, die Champignons darin unter Rühren braten, leicht salzen und in den Eintopf rühren. Einige Minuten leicht köcheln lassen und die restliche Petersilie untermischen. Den Eintopf mit dem Hühnerfleisch in zwei Teller aufteilen.

Hühnersuppe

350 ml Hühnerbrühe
35 g Vollkornreis
1 Lorbeerblatt
Etwa 5 cm Ingwer, gut abgebürstet (die schlechten Stellen vorher entfernen)
150 g Hühnerbrustfilet, abgespült, in Würfeln
1 Zwiebel, geschält, fein gehackt
1/2 Stange Lauch (Porree), in Scheiben
1/2 Suppengrün (frisch gewürfelt oder tiefgekühlt)
Salz, Pfeffer
1/2 Bund Petersilie, gehackt

2 Portionen, Zubereitungszeit: 30 Minuten
NÄHRWERT pro PORTION: 170 kcal, KH: 18 g, F: 1,5 g, E: 21 g

Die Brühe mit dem Reis und dem Lorbeerblatt in einem zugedeckten Topf zum Kochen bringen. Ingwer, die Hühner- und Zwiebelwürfel und die Lauchscheiben hinzufügen und etwa 15 Minuten bei schwacher Hitze kochen lassen. Das Suppengrün in den Topf geben und die Suppe weitere 8 Minuten kochen lassen. Mit Salz und Pfeffer abschmecken. Mit Petersilie bestreut servieren.

Fischsuppe mit Linsen

1 Fenchelknolle, Knolle in feinen Streifen, Fenchelgrün gehackt
1 kleine Stange Lauch (Porree), in Streifen
400 ml Fischbouillon
25 g rote Linsen
1 Lorbeerblatt
75 g Cocktailtomaten, halbiert
125 g Lachsfilet, in Würfeln
1/2 Bund Dille, fein gehackt
Salz, Pfeffer
1–2 EL Zitronensaft

2 Portionen, Zubereitungszeit: 20 Minuten
NÄHRWERT pro PORTION: 196 kcal, KH: 12 g, F: 8 g, E: 19 g

Die Fischbouillon in einem Topf zum Kochen bringen. Linsen hinzufügen und aufkochen lassen. Lorbeerblatt, Lauch- und Fenchelstreifen hinzufügen, wieder zum Kochen bringen und etwa 10 Minuten bei schwacher Hitze kochen lassen. Tomatenhälften, Dille, Lachs und Fenchelgrün in die Suppe geben, ganz kurz aufkochen lassen und die Zutaten etwa 4 Minuten in der heißen Suppe gar ziehen lassen. Die Fischsuppe mit Salz, Pfeffer und Zitronensaft abschmecken und mit Dille bestreut servieren.

Asiatische Tomaten-Fisch-Suppe

300 g Fischfilet nach Wahl, in mundgerechten Stücken
Saft von 1 1/2 Zitronen
1 TL Sesamöl
1 Stängel Zitronengras, in feinen Ringen
2 Chilischoten, ohne Samen, in feinen Ringen
2 Knoblauchzehen, fein gewürfelt
3 cm Ingwerwurzel, frisch gerieben
1 kleine Karotte, in Scheiben
1 rote Paprika, in Streifen
250 ml Fischbouillon
350 ml Tomatensaft
1 TL Fischsauce
1/2 TL Currypulver
Salz
2 kleine Tomaten, enthäutet, ohne Samen, in Streifen

2 Portionen, Zubereitungszeit: 30 Minuten
NÄHRWERT pro PORTION: 300 kcal, KH: 13,1 g, F: 9,5 g, E: 44,8 g

Fischfilets mit der Hälfte des Zitronensafts beträufeln und kalt stellen. Das Zitronengras in Sesamöl anschwitzen, nacheinander die Chilischoten, den Knoblauch, den Ingwer, die Karotte und die Paprika zugeben und kurz mitschwitzen. Die Bouillon und den Tomatensaft zugießen und 10 Minuten köcheln lassen. Mit Fischsauce, Curry, Salz und Zitronensaft leicht säuerlich abschmecken. Die Fischstücke und die Tomatenstreifen in die Suppe geben und etwa 3 Minuten ziehen lassen.

Tipp: Eventuell mit Koriandergrün garnieren.

無

Sauerkraut-Fischsuppe

1 kleine rote Paprika, entkernt, grob gewürfelt
2 kleine Schalotten, in Ringen
20 g Halbfettmargarine
1/4 rote Chilischote, entkernt, grob gewürfelt
1/4 Lorbeerblatt
1 TL edelsüßes Paprikapulver
80 g Sauerkraut
350 ml Gemüsebrühe
2 cm Ingwer, fein gewürfelt
Salz, Pfeffer
70 g Schellfisch, gewürfelt
Saft von 1/2 Zitrone
1 TL Koriander, fein gehackt

2 Portionen, Zubereitungszeit: 30 Minuten
NÄHRWERT pro PORTION: 138 kcal, KH: 6,5 g, F: 9,5 g, E: 7,9 g

Margarine in einem Topf zerlassen und Paprika, Schalotten, Chili und Lorbeerblatt darin anschwitzen. Das Paprikapulver hinzufügen und ebenfalls leicht anschwitzen. Das Sauerkraut und die Brühe untermischen und alles zum Kochen bringen. Die Hitze verringern und die Suppe 10 Minuten köcheln lassen. Die Suppe gemeinsam mit Ingwer in einen Mixer geben und fein pürieren – mit Salz und Pfeffer abschmecken und die Suppe warm halten.

Den Fisch salzen und pfeffern, mit Zitronensaft beträufeln und in einem kleinen Teil der heißen Suppe etwa 5 Minuten ziehen lassen. Die Suppe in Teller füllen, den Fisch aufteilen und mit Koriander garniert servieren.

Oft benötigt man nur eine Hälfte einer Zitrusfrucht. Damit die andere Hälfte nicht austrocknet, können Sie diese auf einen kleinen Teller legen und ein Glas darüber stülpen. Im Kühlschrank hält sie sich so einige weitere Tage. Und übrigens: Auch Zwiebelhälften kann man gut aufbewahren. Einfach die Schnittstelle mit Butter oder Margarine einreiben und danach in Alufolie einwickeln. So bleibt die Zwiebel etwa eine Woche haltbar.

Fencheltasse mit Krabben

1 Fenchelknolle, in dünnen Streifen
1 Schalotte, klein gewürfelt
1 EL Olivenöl
500 ml Gemüsebrühe
1 TL Senfkörner
3 EL Sojacreme
1 EL scharfer Senf
Salz, Pfeffer
Saft von 1 Zitrone
150 g geschälte Pazifik-Krabben
1 kleiner Bund Dille, frisch gehackt

2 Portionen, Zubereitungszeit: 30 Minuten
NÄHRWERT pro PORTION: 201 kcal, KH: 7 g, F: 14 g, E: 17,9 g

Die Schalotte in Olivenöl glasig dünsten. Die Fenchelstreifen kurz mitdünsten. Mit der Brühe aufgießen und die Senfkörner einstreuen. Die Suppe 10–15 Minuten bei geringer Hitze köcheln lassen, bis der Fenchel weich ist. Die Sojacreme mit Senf verrühren, unter die Suppe ziehen und kurz aufkochen lassen. Die Krabben in die Suppe geben, mit Salz, Pfeffer und Zitronensaft abschmecken und mit Dille bestreut servieren.

Kürbiscremesuppe mit Muscheln

500 g Miesmuscheln
400 g Kürbis, Fruchtfleisch gewürfelt
1 Knoblauchzehe, gewürfelt
1 kleine Zwiebel, gewürfelt
15 g Halbfettmargarine
Saft von 1 Zitrone
3 EL Joghurt (0,1 % Fett)
Salz, Pfeffer, Cayennepfeffer

2 Portionen, Zubereitungszeit: 35 Minuten
NÄHRWERT pro PORTION: 240 kcal, KH: 18 g, F: 8 g, E: 30 g

Muscheln waschen, putzen, verlesen und in einem Topf mit 500 ml Wasser erhitzen, bis sie sich geöffnet haben. Muscheln in einem Sieb abtropfen lassen und den Sud auffangen. Kürbis, Zwiebel und Knoblauch in der Margarine andünsten. Muschelsud dazugießen und im geschlossenen Topf etwa 10 Minuten garen, dann fein pürieren. Das Joghurt und den Zitronensaft zugeben und abschmecken. Muscheln aus den Schalen lösen und in der Suppe erwärmen. Mit Cayennepfeffer bestreut servieren.

Japanische Hühnersuppe

1 Hühnerbrustfilets (ca. 150 g)
2 Knoblauchzehen, gehackt
2–3 Macadamianüsse, gehackt
1 TL Erdnussöl
60 g geschälte Garnelen
Kurkuma
1/2 TL Chilipulver
2 cm Ingwer, frisch gerieben
1 TL helle Sojasauce
400 ml Hühnerbrühe
60 g Mungsprossen
Salz, Pfeffer

Für 2 Personen, Zubereitungszeit: 45 Minuten
NÄHRWERT pro PORTION: 220 kcal, KH: 1,3 g, F: 13,3 g, E: 33,5 g

Die Filets mit einer gehackten Knoblauchzehe, Salz und Pfeffer einreiben, in einen Topf mit kochendem Wasser geben und zugedeckt 20 Minuten kochen. Herausnehmen, abkühlen lassen und in feine Streifen schneiden. Die Nüsse und den restlichen Knoblauch im Mörser zu einer Paste zerstoßen und in etwas Öl 1 Minute anschwitzen. Die Garnelen, Kurkuma, Chili, Ingwer, Sojasauce und die Hühnerstreifen hinzufügen, mit ca. 150 ml Hühnerbrühe aufgießen und 5 Minuten köcheln lassen. Die restliche Brühe in den Topf gießen, mit Salz und Pfeffer abschmecken und weitere 5 Minuten köcheln lassen. 2 Minuten vor dem Servieren die Mungsprossen zufügen.

Geflügel wie Hühnchen oder Pute gehören zum weißen Fleisch. Sie können auch während einer Diät ruhig öfter gegessen werden, denn ihre Fette haben weder auf die Herzgefäße noch auf die Figur einen negativen Einfluss. Außerdem liefert Hühnerfleisch viele essentielle Aminosäuren, die den Stoffwechsel positiv beeinflussen und für lange Sättigung sorgen. Aber: Wer abnehmen will, sollte Geflügel stets ohne Haut essen und immer das magere Brustfleisch nehmen.

Vietnamesische Hühnerbrühe

1 Frühlingszwiebel, in Ringen
1 Hühnerbrustfilet (ca. 150 g), in dünnen Streifen
6 Garnelen, geschält
175 g Tofu, in Würfeln
1 EL Fischsauce
1 rote Chilischote, in feinen Ringen
500 ml Hühnerbrühe
Salz, Pfeffer

2 Portionen, Zubereitungszeit: 30 Minuten
NÄHRWERT pro PORTION: 280 kcal, KH: 2 g, F: 15,2 g, E: 43,3 g

Hühnerstreifen, Garnelen und Tofu in eine Schüssel geben. 1 TL Fischsauce darüber träufeln, die Zwiebel untermischen und alles zugedeckt 10 Minuten ziehen lassen. Die Brühe zum Kochen bringen, zuerst das Fleisch und nach 2 Minuten die Garnelen und den Tofu hinzufügen und 2 Minuten köcheln lassen. Mit der restlichen Fischsauce, Salz und Pfeffer abschmecken und mit Chiliringen bestreut servieren.

Scharf-saure Hühnersuppe

500 ml Gemüsebrühe
1 Schuss helle Sojasauce
1 Hühnerbrustfilet (ca. 150 g)
1 EL Tom-Yum-Paste
5 Frühlingszwiebeln, in Ringen
100 g Champignons, in Scheiben
6 Cocktailtomaten, halbiert
1 TL Fischsauce
Salz, Pfeffer

2 Portionen, Zubereitungszeit: 30 Minuten
NÄHRWERT pro PORTION: 159 kcal, KH: 7,3 g, F: 6 g, E: 20,5 g

Die Brühe mit der Sojasauce aufkochen lassen, das Filet einlegen und etwa 12 Minuten gar ziehen lassen. Das Fleisch herausnehmen und in mundgerechte Stücke teilen. Die Tom-Yum-Paste in der Suppe auflösen, Frühlingszwiebeln, Pilze und Tomaten zugeben und 8 Minuten garen lassen. Das Fleisch in die Suppe geben, die Fischsauce unterrühren und mit Salz und Pfeffer abschmecken.

Kalte Kirschsuppe mit Garnelen

Ca. 1 l Wasser
500 g Kirschen, entsteint
8 Garnelenschwänze, geschält
Salz, Pfeffer
1 TL Olivenöl
Ein paar Minzeblättchen
Eventuell etwas Weißwein

2 Portionen, Zubereitungszeit: 45 Minuten
NÄHRWERT pro PORTION: 154 kcal, KH: 30,8 g, F: 1 g, E: 6 g

Die Kirschen ein paar Minuten in kochendes Wasser geben, dann mit dem Kartoffelstampfer zerkleinern und durch ein Sieb passieren. Salzen, pfeffern und abkühlen lassen. Die Garnelenschwänze in etwas Olivenöl in einer Pfanne anrösten, eventuell mit einem Schluck Weißwein ablöschen und kurz garen lassen. Die warmen Garnelen mit der kalten Kirschsuppe in die Teller verteilen und mit Minzeblättchen garniert servieren.

Reife Kirschen liefern zwar recht viel Zucker – durchschnittlich pro 100 Gramm etwa 13 Gramm –, sind aber dennoch ziemlich kalorienarm: 100 Gramm haben nur etwa 58 Kilokalorien, Sauerkirschen sogar weniger. Was Kirschen außerdem auszeichnet, ist ihr hoher Kaliumanteil – der entwässernd wirkt. Viele Prominente schwören darauf, kurz vor einer Show größere Mengen Kirschen (oder auch Pflaumen) zu essen, um dem Körper Wasser zu entziehen und dadurch ein bisschen schlanker zu erscheinen. Zusätzlich ist das Steinobst auch besonders reich an Vitamin C, durchschnittlich liefern 100 Gramm Kirschen 40 mg des Vitamin-Klassikers – und das tut nicht nur der Figur gut.

90
89
88
87

Schalten Sie den Stoffwechsel-Turbo an: Die Fettkiller-Strategie

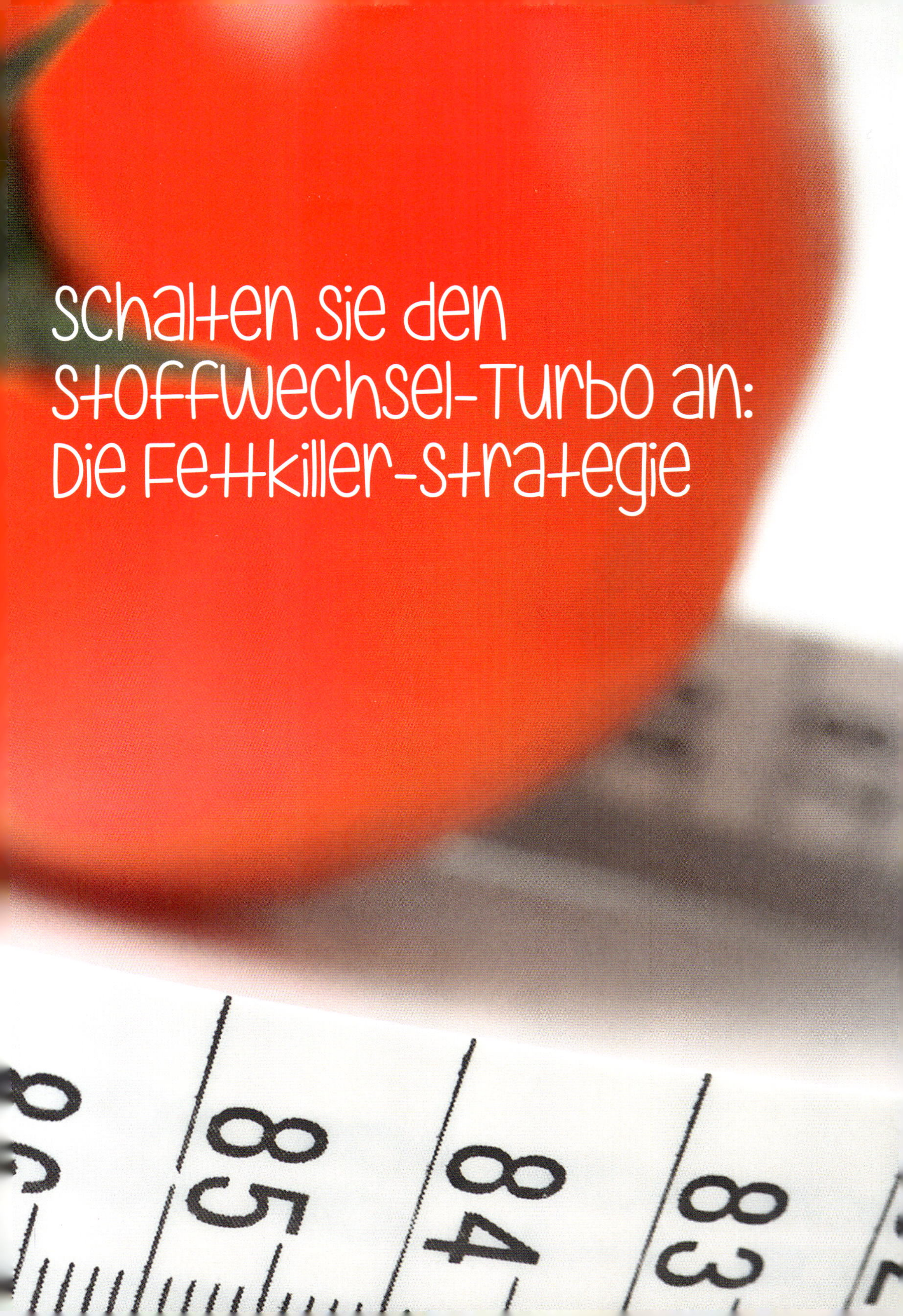

Schalten Sie den Stoffwechsel-Turbo an: Die Fettkiller-Strategie

Übergewicht ist nicht unbedingt nur ein Bilanzproblem zwischen Kalorienzufuhr und Verbrauch. Es ist oft auch auf einen über die Jahre träge gewordenen Stoffwechsel zurückzuführen. Die Krux an der Geschichte: Jede Diät – genauer gesagt: jeder Verzicht, jede Reduktion oder einseitige Ernährung – kann den Stoffwechsel noch träger machen und somit die Fettverbrennung beeinträchtigen. Denn der Organismus des Homo Sapiens ist seit Anbeginn der Zeit darauf getrimmt, den Stoffwechsel bei Nahrungsmangel unmittelbar auf Sparflamme zu schalten. Was einst eine überlebenswichtige Strategie war, ist heute mit ein Grund für das weltweite Übergewichtsproblem.

Dazu kommt meist noch eine Unterversorgung mit wichtigen Vitalstoffen, die wiederum für **Heißhunger** sorgt. Denn unser Körper ist nicht dumm: Wenn den Körperzellen ein wichtiger Stoff für ihre Arbeit fehlt, dann quälen sie uns mit Appetit. Ist in dem Essen der richtige Stoff enthalten, geben sie Ruhe. Wenn nicht, quälen sie uns weiter ... mit Heißhunger. Genau da beginnt der böse Kreislauf, der unweigerlich im Übergewicht endet.

Doch mit den richtigen Lebensmitteln, Bio- und Vitalstoffen lassen sich die verschiedenen Funktionen des Stoffwechsels gut unterstützen und anregen. Die körpereigene **Fettverbrennung** wird angekurbelt und der Organismus bekommt alles, was er für seine Arbeit braucht. Es ist dann keine Hexerei mehr zu essen und zugleich Gewicht zu verlieren. Denn es gibt eine Unzahl von Nahrungsmitteln, die schmecken, satt machen und „nebenbei" Top-Fettkiller sind.

Wir sprechen von sogenannten Fatburnern (von den englischen Wörtern „fat" = Fett und „to burn" = verbrennen, brennen). Allgemein betrachtet sind das Biostoffe, die in vielen Lebensmitteln vorkommen.

Einige dieser leckeren Fettkiller sättigen einfach nachhaltig, andere verbessern das Verhältnis zwischen Muskulatur und Fettgewebe, und wieder andere heizen dem Stoffwechsel ordentlich ein und sorgen dafür, dass mehr Energie verbraucht wird. Und manche Substanzen steigern den täglichen Kalorienverbrauch, indem sie die Thermogenese des Körpers ankurbeln, das heißt die Umwandlung von Kilokalorien in Wärme.

Die **Fettkiller-Ernährung** ist nicht nur die ideale Ergänzung zum Suppenfasten, sondern eine Ernährungsweise, die einfach schmeckt, gesund ist und schlank macht. Die Vitalstoffe sollten – immer in Abstimmung mit dem Hausarzt – bereits während des Fastens eingebunden werden. Nach dem zweiwöchigen Suppenfasten beginnen Sie mit der Fettkiller-Strategie und läuten damit Ihre **Ernährungsumstellung** ein. Denn nicht zu vergessen: Diät kommt ursprünglich vom griechischen Wort „diaita", was übersetzt nichts anderes bedeutet als „Lebensweise". Und während es bei anderen (Crash-)Diäten darum geht, eine Zeit möglichst nichts zu essen oder endlos Kalorien zu zählen, setzt die Fettkiller-Ernährung auf ein einfaches und gesundes Konzept: eine Ernährung mit den richtigen Nährstoffen kombiniert mit ausreichender (Alltags-)Bewegung und bedachtem Abendessen. Auf diese Weise unterstützen Sie den Stoffwechsel bei seiner Arbeit und lassen so – sicherlich langsamer, aber dafür langfristiger – die Kilos purzeln. Pfeifen Sie auf das sture Kalorienzählen, versuchen Sie einfach jeden Tag Mahlzeiten zusammenzustellen, die mindestens drei Fatburner enthalten. Und kochen Sie mit Bedacht: Verzichten Sie möglichst auf alle denaturierten Lebensmittel, verwenden Sie möglichst wenige, aber stets gute Fette (Olivenöl & Co) und komplexe Kohlenhydrate (Vollkorn, Kartoffeln, Gemüse, ...) und gehen Sie beim Würzen sparsam mit Salz und Zucker um. Das Abendessen sollte protein- und ballaststoffreich, aber glukosearm sein und zweimal in der Woche möglichst gänzlich ausfallen. Einmal in der Woche schieben Sie einen **Suppentag** ein und einmal in der Woche gönnen Sie sich eine wunderbare Sünde. Aber vergessen Sie nicht, ausreichend Sport und Bewegung einzuplanen. Denn: Muskeln sind und bleiben die wichtigsten und besten Fettkiller.

Eine Studie der Technischen Universität München und der Universität Wien ergab, dass der Verzehr von bestimmten Fetten gegen unerwünschte Gewichtszunahme helfen kann. Die Forscher haben vier Fette untersucht: Schweineschmalz, Milchfett, Raps- und Olivenöl. Drei Monate aßen die Probanden täglich 500 Gramm Magerjoghurt (0,1 % Fett) das mit einem der vier Fette angereichert war – zusätzlich zu ihrer normalen Kost. Den größten Sättigungseffekt hatte das Olivenöl, außerdem nahm nur die Olivenöl-Gruppe nicht zu – bei ihren Teilnehmern blieben der Anteil des Körperfetts und das Körpergewicht konstant. Was auch erwähnenswert ist: Ein Vergleich unter den Olivenölen zeigte, dass italienisches Olivenöl am wirkungsvollsten war.

Schlankstoff: Eiweiß (Protein)

Der Körper besteht – abgesehen von Fett und Wasser – aus Eiweiß. Muskeln, Haare, Nerven, Organe etc. sind aus Eiweißbausteinen aufgebaut. Jeden Tag werden Billionen von Zellen damit repariert, die Haut erneuert, das Abwehrsystem unterstützt und Hormone, Enzyme und Botenstoffe kreiert; sogar unsere Gefühle und Gedanken basieren auf Eiweiß.

Eiweiß spielt auch eine wesentliche Rolle bei der Fettverbrennung. Diesen Fettkiller-Effekt verdankt Eiweiß seiner dynamischen Wirkung, denn ein Teil der Kalorien der zugeführten Nahrungsmittel wird vom Körper gleich wieder verwertet. Bei Eiweiß sind das um die 25 bis 30 Prozent, das heißt, etwa 30 Prozent der aufgenommenen Kalorien verbraucht der Körper schon dafür, das Eiweiß im Stoffwechsel zu verarbeiten. Zum Vergleich: Für Fett liegt dieser Wert bei etwa drei bis vier Prozent, für Kohlenhydrate bei rund sechs Prozent. Dieser Effekt von Eiweiß konnte übrigens in der europaweiten Diogenes-Interventionsstudie auch belegt werden. Darin wurde eiweißreiche Kost mit einer Ernährung, die auf einen niedrigen glykämischen Index setzt, verglichen. Das Resultat: Eiweiß verhindert den Jo-Jo-Effekt besser als der niedrige glykämische Index.

Der **persönliche Eiweißbedarf** lässt sich mit folgender Formel einfach berechnen.

Körpergewicht (kg) ____________

x 0,83 Gramm ____________

= Gramm Eiweiß pro Tag

===========

Bei hoher sportlicher Aktivität darf es auch bis zum Doppelten sein. Bei Übergewicht sollte eine Portion Eiweiß dazugerechnet werden.
© Europäische Referenzwerte für die Proteinzufuhr, DGEinfo 05/2012

Tierisches Eiweiß ist unserem körpereigenen Eiweiß am ähnlichsten. Es verfügt über eine hohe biologische Wertigkeit (Maß dafür, mit welcher Effizienz dieses Nahrungsprotein in körpereigenes Protein umgesetzt werden kann) und deshalb benötigen wir nur sehr wenig davon. Für die Gesundheit ist allerdings zu empfehlen, möglichst etwa zwei Drittel des täglichen Eiweißes aus pflanzlichen Nahrungsmitteln und nur ein Drittel aus tierischen aufzunehmen.

Energiegehalt der Nährstoffe
1 Gramm Kohlenhydrate: 4 kcal
1 Gramm Protein (Eiweiß): 4 kcal
1 Gramm Fett: 9 kcal

Die besten Eiweiß-Lieferanten	Durchschnittlicher Eiweißgehalt pro 100 g/ml
Fleisch & Eier	
Putenfleisch	30 g
Magerer Schinken	25 g
Putenbrust	24 g
Lammfleisch	23 g
Hühnerbrust	22 g
Rindfleisch	21 g
Kalbfleisch	20 g
Mageres Schweinefleisch	19 g
Ei	13 g
Fisch & Algen	
Spirulina-Algen	65 g
Geräucherter Lachs	25 g
Tunfisch, Heilbutt, Sardinen, Makrelen	22 g
Lachs, Steinbutt, Scholle, Kabeljau	19 g
Garnelen, Hummer, Langusten	18 g
Austern, Miesmuscheln	10 g
Gemüse & Hülsenfrüchte	
Linsen	23 g
Erbsen, Sojasprossen	6 g
Bohnen, Kohlsprossen	4 g
Brokkoli	2 g
Nüsse & Getreide	
Tofu	44 g
Sojamehl, Sojadrink ohne Zucker	1 g
Sonnenblumenkerne, Erdnüsse	25 g
Leinsamen	22 g
Haferkleie	19 g
Hafer	13 g
Reis	7 g
Walnüsse, Pistazien, Mandeln, Cashewnüsse	6 g
Milch & Milchprodukte	
Parmesan	36 g
Harzer Käse, Tilsiter	32 g
Emmentaler	29 g
Bergkäse, Edamer, Joghurtkäse, Butterkäse	25 g
Camembert, Raclette	21 g
Mozzarella, Fetakäse	19 g
Weichkäse aus Schafmilch	15 g
Magertopfen	13 g
Frischkäse, Cottage Cheese, Hüttenkäse	11 g
Ziegenmilch, Büffelmilch	4 g
Fettarme Milch (0,1 % Fett)	3 g

Die Bausteine von Eiweiß: Aminosäuren

Eiweiß ist nicht einfach Eiweiß, sondern ein Cocktail aus Aminosäuren: 20 Aminosäuren kommen in Proteinen gebunden vor, acht davon sind essentiell wichtig. Der Körper kann sie jedoch nicht selbst herstellen, sondern ist auf die Zufuhr durch die Nahrung oder Nahrungsergänzungsmittel angewiesen. Einige dieser Aminosäuren können den Fettzellen ordentlich zusetzen.

Lysin und Arginin stimulieren die Ausschüttung des Wachstumshormons Somatotropin, eines der stärksten Fettverbrenner im menschlichen Körper. Somatotropin wird bei allen energieverbrauchenden Prozessen (körperliche Aktivität, psychischer Stress, Hungern) ausgeschüttet und lässt Muskeln wachsen und Fett schmelzen. Am meisten Somatotropin wird vom Körper im Schlaf produziert.
› Fisch, Geflügel, Milchprodukte

Methionin hilft als Bestandteil von Carnitin beim Abtransport der Fette. Außerdem aktiviert es das Hormon Adrenalin und fördert die Energieverbrennung.
› Paranüsse, Sesamkörner, Rindfleisch, Hühnerbrust, roher Lachs

Phenylalanin ist die Vorläufersubstanz vieler fettabbauender Hormone. Außerdem wirkt es auf das Sättigungsempfinden und macht glücklich.
› Parmesan, Erdnüsse, Mandeln, Kürbiskerne, Kalbfleisch

Tryptophan ist die Vorstufe des Neurotransmitters (Gehirnbotenstoffes) Serotonin, der unser Schlafverhalten reguliert, aber auch einen Einfluss auf unser Ess- und Trinkverhalten hat. Studien zeigen, dass Tryptophane eine unmittelbare Auswirkung darauf haben, dass wir weniger essen. Zudem sorgen sie für gute Laune, Ausgeglichenheit und ruhigen Schlaf.
› Sojabohnen, Cashewnüsse, Haferflocken, Kakaopulver, Hühnerbrustfilet, Erbsen, Lachs, Eier

Cystein ist ein wichtiger Bestandteil des Glutathionmoleküls. Es schützt den Hypothalamus vor freien Radikalen und wirkt so dem Absterben der Zellen entgegen. Das ist sehr wichtig, denn der Hypothalamus steuert die Herstellung sämtlicher Hormone und eine Schädigung führt unter anderem zu einer Appetitsteigerung.
› Hühnerbrustfilet, Lachs, Eier, Kuhmilch, Sonnenblumenkerne

Glycin dient nicht nur der Entgiftung von Schadstoffen, sondern spielt auch bei der Gewichtskontrolle eine Rolle: Wenn dem Körper Glycin fehlt, haben Sie häufig Heißhunger auf Süßes. Wird unter E 640 als Geschmacksverstärker eingesetzt.
› Schweinefleisch, Seefische, Austern, Kavier, Linsen, Sojabohnen, Rindfleisch, Haferflocken

Tyrosin ist eine direkte Vorstufe von Dopamin, einem Neurotransmitter, der wach, glücklich und dynamisch macht. Außerdem ist Tyrosin für die Synthese

des Schilddrüsenhormons Thyroxin erforderlich, das unter anderem die Höhe des Grundumsatzes mitbestimmt.
› Sojabohnen, Erbsen, Erdnüsse, Schweine- und Rindfleisch, Brie, Camembert, Parmesan, Gouda

Auf Eiweiß basierende Mikronährstoffe

L-Carnitin wird aus den Aminosäuren Lysin und Methionin (unter Beteiligung von Vitamin C, B_6, B_3 und Eisen) synthetisiert, gilt als vitaminähnliche Substanz und transportiert unter anderem die Fettmoleküle zu den Mitochondrien, wo sie verbrannt werden. Folge: Der Organismus baut Fett ab (statt es zu lagern). Das heißt: Ohne Carnitin keine Fettverbrennung, allerdings – so zeigen die Studien – hat eine vermehrte Carnitinzufuhr ohne Energiebedarf – z. B. durch Bewegung und Sport – keinen großen Effekt.
› Lammfleisch, Steinpilze, rotes Fleisch, Lachs, Langusten, Hummer, Heringe

Lezithin gehört zu den fettähnlichen Lipoiden und man schreibt ihm ein breites Wirkungsspektrum im Fettstoffwechsel zu – von der Fettverwertung bis zur Senkung des Cholesterinspiegels.
› Sojabohnen, Nüsse, Eier

Taurin ist ein Abbauprodukt der Aminosäuren Cystein und Methionin und hauptsächlich bekannt, weil es in manchen Energy-Drinks enthalten ist, um die Wirkung des ebenfalls enthaltenen Koffeins zu steigern. Es hilft der Hirnanhangsdrüse ihre fettschmelzenden Hormone zu verschicken. Zudem ist Taurin am Gallensäure-Stoffwechsel beteiligt, der bei der Fettverdauung eine Rolle spielt.
› Krabben, Muscheln, Schweine-, Lamm-, Rind- und Hühnerfleisch, Dorsch, Hülsenfrüchte

Noradrenalin ist ein Neurotransmitter und ein Hormon und steuert im Körper die mentale und physische Stressanpassung. Als Hormon saugt es Fett aus der Fettzelle, um die Energie bereitzustellen, die Körper und Geist im Stressmoment brauchen. Noradrenalin hebt außerdem die Stimmung. Es wird aus den Aminosäuren Phenylalanin und Tyrosin (Vitamin B_6, C und Kupfer) synthetisiert, dafür braucht es nur eine gute Portion Eiweiß.
› Eiweiß

Fettkonsum

Die Empfehlungen der „Deutschen Gesellschaft für Ernährung“ (DGE) geben bei Menschen mit leichter und mittelschwerer Arbeit als Richtwert für den täglichen Fettkonsum maximal 30 Prozent der gesamten Energiezufuhr (das entspricht bei 2000 Kalorien pro Tag 65 Gramm Fett) bzw. bis zu 18 bis 25 Prozent Fett im Idealfall an. Aber nicht nur die Menge, auch die Fettart ist bedeutend. Insgesamt sollte das Verhältnis der gesättigten Fettsäuren zu den ungesättigten etwa 1:2 ausmachen.

Gesättigte Fettsäuren sollten 30 Prozent der als Fett zugeführten Energie nicht übersteigen – weniger ist besser. Sie müssen nicht in großen Mengen über die Nahrung aufgenommen werden, da sie vom Körper selbst gebildet werden können. Ein Zuviel erhöht das LDL-Cholesterin („böses Cholesterin“) und den Gesamtcholesterinspiegel.
› tierische Fette und gehärtete Pflanzenfette wie Milch- und Butterfett, Schlachtfett und Kokosfett

Einfach ungesättigte Fettsäuren sollten mindestens ein Drittel des gesamten Fettkonsums ausmachen. Sie gelten als „gute“ Fette und können vom Körper selbst hergestellt werden. Sie verbessern die Balance der Blutcholesterinwerte. Das „gute Cholesterin“ HDL steigt oder bleibt konstant, das „böse Cholesterin“ LDL wird reduziert.
› Pflanzenöle wie Olivenöl, Erdnussöl, Rapsöl, aber auch Gänseschmalz

Mehrfach ungesättigte Fettsäuren sollten ebenfalls etwa ein Drittel des täglichen Fettkonsums ausmachen. Auch sie gelten als „gute“ Fette, sind aber essentiell und können vom Organismus nicht selbst produziert werden. Sie senken den LDL- und den Gesamtcholesterinspiegel.
› Pflanzenöle wie Distelöl, Sonnenblumenöl, Sojaöl, Maiskeimöl und Seefische

So kontrollieren Sie Ihren Fettabbau

Wenn der Organismus Fett abbaut, entstehen Ketonkörper, die sich im Urin nachweisen lassen. Dafür gibt es in jeder Apotheke rezeptfreie Teststreifen. Messen Sie morgens nach dem Aufstehen: Ist Keton im Urin enthalten, dann hat Ihr Körper über Nacht Fett abgebaut.

Die Top-Fettkiller: Vitamine, Mineralstoffe und Spurenelemente

Vitalstoffmangel macht dick. Warum? Stellen Sie sich den Körper als eine große Fabrik vor, in der etwa 70 Billionen Arbeiter, sprich Körperzellen beschäftigt sind. Nun werfen Sie einen Blick in die Abteilung Fettstoffwechsel: In der täglichen Jobdescription steht der Transport der Fettmoleküle aus den Energietanks der Fettdepots hin zu den Muskelzellen. Dort werden sie in die Mitochondrien eingeschleust, in die Kraftzellen der Zellen, die das Fett fast wie in Brennöfen zu Energie verheizen. Damit alles reibungslos funktioniert, wird Material benötigt, unter anderem Vitalstoffe. Sind davon nicht genügend vorhanden, dann wird in die Schaltzentrale der Notruf gefunkt. Diese schickt dann Appetit. Enthält das Essen dann die erforderlichen Vitalstoffe, gibt sie Ruhe. Wenn nicht, dann quält sie weiter mit Appetit, Lust, Heißhunger ...

Natürlich braucht der Körper für einen reibungslosen Stoffwechsel alle 13 Vitamine, alle Mineralstoffe und Spurenelemente und noch viele weitere Nährstoffe. Doch ein paar Vitalstoffe können ganz besonders viel zu einer schlanken Figur beitragen:

Vitamin B_2 ist wesentlich am Stoffwechsel des gesamten Organismus beteiligt. Der Abbau bzw. die Umwandlung von Fetten, Eiweißen und Kohlehydraten ist eine der Hauptaufgaben des Vitamins.
› Leber, Weizenkeime, Sojabohnen, Mandeln, Eier

Niacin ist für den Ablauf zahlreicher Stoffwechselvorgänge verantwortlich, insbesondere jener, die die Gewinnung und Bereitstellung von Energie steuern. Der Um- und Abbau von Eiweißen, Fetten oder Kohlenhydraten ist ohne Niacin (Vitamin B_3) nicht möglich. Außerdem ist es zusammen mit Chrom für die Ausschüttung des Glukagons (Gegenspieler von Insulin) im Blut zuständig, das heißt, es hält den Blutzuckerspiegel konstant.
› Leber, Kalbfleisch, Hühnerbrust, Fisch, Vollkornprodukte, Weizenkleie, Erdnüsse

Vitamin B_6 ist maßgeblich am Energiestoffwechsel und am Auf- und Abbau von Eiweiß im Körper beteiligt, das heißt, es hilft beim Muskelaufbau. Übrigens: Das Vitamin mildert auch häufig das prämenstruelle Syndrom (PMS).
› Hühner- und Schweinefleisch, Lachs, Kartoffeln, Bananen, Vollkornprodukte, Hirse

Vitamin C ist eines der wichtigsten Vitamine zur Unterstützung des Immunsystems und zur Stärkung der Abwehrkräfte. Es wehrt Viren und Bakterien ab und macht freie Radikale unschädlich. Es kann aber auch vor der Entstehung von zu viel Cholesterin schützen und ist wichtig für die Synthese des Schilddrüsenhormons und Noradrenalin. Vitamin C macht aber auch schön: Es stärkt und vernetzt das Bindegewebe und glättet die Haut. Studien belegen, dass der Vitamin-Spiegel beim adipösen Mensch meist niedrig ist.

› Acerolakirsche, Spinat, Sanddorn, Paprika, Kohlgemüse, Zitrusfrüchte, Petersilie, Kiwi

Tipp: Pressen Sie Zitronen samt Fruchtfleisch ins Mineralwasser. Das liefert viel Vitamin C und die darin enthaltenen Flavonoide verstärken die Wirkung – zudem ist es ein basisches Getränk.

Vitamin D ist das neue Trendvitamin. Vor einigen Jahren fast nur in der Osteoporose-Behandlung eingesetzt, erfährt das fettlösliche Vitamin immer mehr Beachtung. Auch in Bezug auf die Figur, wie Ernährungsforscher der Universität von Minnesota kürzlich bei einer Studie feststellten. Sie untersuchten übergewichtige Männer und Frauen, die unter Aufsicht eine Diät durchführten. Das Ergebnis: Je höher der Vitamin-D-Spiegel der Tester vor der Diät, desto mehr nahmen sie ab und desto mehr Bauchfett verloren sie dabei. Etwa 80 Prozent des benötigten Vitamins D bildet der Körper mit der Sonneneinstrahlung selbst; das Problem ist, dass im Sommer der notwendige Sonnenschutz mit hohem Lichtschutzfaktor die Vitaminbildung behindert und dass im Winter hierzulande sowieso selten ausreichend Sonne vorhanden ist. Fazit: Laut aktuellen Studien haben acht von zehn Menschen in unseren Breitengraden einen Vitamin-D-Mangel.

› Hering, Aal, Forelle, Lachs, Champignons, Tunfisch, Steinpilze, Eier, (angereicherte) Milch

Achtung: Vom Besuch eines Solariums als Sonnenersatz wird abgeraten. Die Nachteile durch das erhöhte Risiko, an Hautkrebs zu erkranken, sind größer als der Nutzen einer zusätzlichen Vitamin D-Produktion. Zudem arbeiten die meisten Solarien mittlerweile mit bräunenden UV-A-Strahlen, für die Bildung des Vitamins D sind jedoch die UV-B-Strahlen erforderlich.

Chrom gilt als DER Fettverbrenner. Dieses Spurenelement regt nicht nur die Energiegewinnung aus Zucker an, sondern auch die Verbrennung von Fettsäuren. Durch diese Stoffwechselfunktionen reguliert Chrom auch den Cholesterinspiegel. Es verbessert die Zuckerverwertung, verbrennt Fett und ist am Aufbau der Muskeln beteiligt. Chrom trägt also zur Verbesserung der sportlichen Leistungsfähigkeit und zur Gewichtsreduktion bei. Zusätzlich vermindert Chrom das Hungergefühl, weil es den Blutzuckerspiegel stabilisiert. Chrom unterstützt die Zuckerverwertung und die Gewichtsreduktion. Es wird immer dann gebraucht, wenn der Körper mehr leisten muss.

› Innereien, Eier, Gemüse, Pilze und Haferflocken

Jod ist ein wichtiger Bestandteil der Schilddrüsenhormone T3 und T4, die den Sauerstoffverbrauch im Gewebe und den Grundumsatz steuern. Ein Jodmangel zeigt sich in geringer Leistungsfähigkeit, Müdigkeit, Trägheit, Depressionen, Gewichtszunahme, trockener Haut und/oder Verstopfung. Die Böden Mitteleuropas gelten als jodarm, so dass die gesamte Bevölkerung erhöhte Gefahr läuft, an Jodmangel zu leiden.

In Deutschland und Österreich sind Jodzusätze von 15 bis 25 mg/kg Salz erlaubt, das heißt, durchschnittlich werden mit 5 Gramm Salz etwa 0,1 mg (100 µg) Jod aufgenommen. Und genau das macht eine allgemeine Einschätzung der Jodversorgung der Bevölkerung schwierig: Denn der durchschnittliche Salzkonsum ist sehr hoch und es gibt keinerlei Aufzeichnungen über den Einsatz von jodiertem Salz in Brot, Fertigprodukten und Co. Auf alle Fälle muss eine zusätzliche Jodeinnahme mit dem Arzt geklärt werden, denn bei Menschen mit Schilddrüsen-Überfunktion kann eine Jodgabe gefährlich sein.

› Meeresfisch, Schalentiere, Algen, Kiwi, Milch, Honig, jodreiche Mineralwässer

Kalzium sorgt nicht nur für stabile Knochen und Zähne, sondern ist auch ein potenter Fettfresser. Es heizt die Aktivität der Verdauungsenzyme an und entwässert den Körper.

› Milch und Milchprodukte, Tofu, Emmentaler, Fenchel, Kohlgemüse, Spinat, Mohnsamen

Magnesium ist für die Energiegewinnung in den Mitochondrien unentbehrlich und somit der effektivste Schlankmacher unter den Mineralstoffen. Es ist zuständig für die körperliche und geistige Leistungsfähigkeit und funktionierende Muskeln und Nerven. Ein Mangel zeigt sich in Nervosität, Müdigkeit und Muskelzucken

und -krämpfen. Zudem organisiert Magnesium die Sauerstoffversorgung der Zellen und damit die Fettverbrennung. Der Mineralstoff sitzt vor allem in der Schale des Korns, darum macht Vollkornmehl fit und vital und Weißmehl müde und dick.
› Weizenkleie, Kürbiskerne, Sonnenblumenkerne, Cashewnüsse, Sojabohnen, Erdnüsse, Vollkorn, Vollkornreis, Haferflocken

Tipp: Eine gute Magnesiumquelle und – wie der Name schon sagt – auch vieler anderer Mineralstoffe ist Mineralwasser. Doch die Wässer unterscheiden sich in Bezug auf ihre Inhaltsstoffe teilweise enorm. Vergleichen Sie am besten unter www.mineralienrechner.de (auch als App für unterwegs verfügbar). In Österreich können Sie die Angaben auf www.forum-mineralwasser.at sehr gut vergleichen.

Selen spielt beim Stoffwechsel der Schilddrüsenhormone eine wichtige Rolle. Ohne Selen kann das schlank machende Tyrosin nicht gebildet werden. Außerdem verursacht Selenmangel Heißhunger auf Süßes. Und Selen wird auf Grund seiner vielen Schutz- und Entgiftungsfunktionen auch eine hemmende Wirkung bei Alterungsprozessen zugesprochen.
› Hering, Tunfisch, Scholle, Kokosnuss, Pistazien, Sojabohnen, Weizenkleie

Achtung: Als Nahrungsergänzungsmitttel nicht gemeinsam mit Vitamin C einnehmen.

Zink ist am Bau vieler Hormone wie z. B. Wachstumshormone, Schilddrüsenhormone, Sexualhormone etc. beteiligt. Ein Mangel führt zu einer Hypoglykämieneigung mit vermehrter Insulinausschüttung und einer dadurch bedingten Neigung zur Fettansetzung. Außerdem wirkt Zink regulierend auf das Appetitzentrum im Gehirn.
› Austern, Lamm, Leber, Gouda, Emmentaler, Roggen, Haferflocken, Linsen

Tipp: Als Nahrungsergänzungsmittel nehmen Sie Zink am besten nüchtern und nicht zusammen mit Kupfer, Eisen oder Kalzium ein, um eine gute Verwertung zu gewährleisten.

Sind Sie ein Fan von Schüssler-Salzen?

Auch diese Salze können beim Abnehmen hilfreich sein, weil sie den Abbau von Schadstoffen und die Fettverbrennung unterstützen, das Bindegewebe stärken, die Haut glätten und den Stoffwechsel und die Verdauung in Schwung bringen.

Wer es versuchen will:

Nr. 4, Kalium Chloratum
regt den Kohlenhydrat- und Eiweißstoffwechsel und den Lymphfluss an.

Nr. 6, Kalium sulfuricum
für den Zuckerstoffwechsel, fördert die Entgiftung und regt die Leber an.

Nr. 8, Natrium chloratum
stabilisiert den Wasser- und den Säure-Basen-Haushalt.

Nr. 9, Natrium phosporicum
wirkt positiv auf den Säure-Basen-Haushalt, den Fettstoffwechsel und die Fettverbrennung

Nr. 10, Natrium sulfuricum
beeinflusst günstig Ausleitung, Ausscheidung und Entgiftung über den Darm.

Nr. 11, Silicea
unterstützt die Funktion des Bindegewebes, Haut und Haar, reduziert Harnsäure.

Nehmen Sie von jedem der sechs Salze dreimal täglich eine Tablette, entweder 30 Minuten vor oder eine Stunde nach dem Essen. Lassen Sie diese langsam im Mund zergehen. Diese Salze sind das Basispaket. Nach weiteren Salzen zur Unterstützung erkundigen Sie sich am besten bei Ihrem Arzt oder Apotheker.

Die besten Fettkiller von A bis Z

Algen enthalten viel Vitamin C und B-Vitamine, sättigende Ballaststoffe sowie eine große Portion des Spurenelements Jod. In der Traditionellen Chinesischen Medizin (TCM) setzt man sie zur Blutdrucksenkung und -reinigung, als Unterstützung für Magen- und Darm und zur Stärkung der Abwehrkräfte ein.

Tipp: Man kann Nori-Algen mit den Fingern zerkrümeln und als Gewürz über Fischgerichte, Gemüsesuppen oder Salatsaucen streuen. Wakame-Algen sind eine schnelle Gemüsebeilage: abspülen, einweichen, 30 Sekunden in sprudelnd kochendem Wasser garen, mit kaltem Wasser abschrecken, abschmecken und fertig.

Ananas liefert das Enzym Bromelin, das Entzündungen hemmt, die Durchblutung fördert, die Verdauung anregt und dabei hilft, Proteine aufzuspalten. Die Ananas ist nicht der potente Fettkiller, wie es noch Anfang der 1990er-Jahre vielerorts propagiert wurde. Dennoch, gesund und kalorienarm sind diese Früchte allemal: Sie enthalten viel Vitamin C, Kalium und gesunde Kohlenhydrate, die der Figur gut tun. Achtung: Bei industriell produzierten Säften geht durch die Verarbeitung und Lagerung viel Vitamin C verloren und das Enzym Bromelin verliert seine Funktion – zudem sind sie meist ein zuckersüßes Konzentrat.

Äpfel enthalten viel wasserlöslichen Ballaststoff Pektin, der die Verdauung fördert, Durchfall lindert, den Cholesterin- und Zuckerspiegel reguliert und den Fettabbau unterstützt. Und da Äpfel reich an Kalium sind, unterstützen sie auch die Entwässerung. Das Pektin sitzt direkt unter der Schale, daher nicht schälen.

Tipp: Die geballte Apfel-Power für den Stoffwechsel befindet sich übrigens in Essig. Wer das probieren möchte: 2 TL Apfelessig in 250 ml handwarmes Wasser rühren und morgens vor dem Frühstück trinken. Wenn es besser schmecken soll, kann man mit Stevia würzen oder einen Schuss Obst- oder Gemüsesaft hinzufügen.

Aroniabeeren (bzw. Aroniasaft) gelten bei Insidern als potenzielle Wunderwaffe gegen Herz-Kreislauf-Erkrankungen und dank ihrer enormen antioxidativen Kapazität (100 ml haben 7800 ORAC; das ist die Einheit, mit der man den Gehalt an Radikalfängern in Lebensmitteln misst) auch als Top-Anti-Aging-Mittel. Zudem zeigen neuere Forschungen auch, dass Aroniasaft Blutdruck, Blutfette und Blutzucker positiv beeinflussen kann. Der Ballaststoff Pektin beschleunigt Verdauung und Stoffwechsel und das enthaltene Vitamin C gibt der Fettverbrennung einen kräftigen Schubs.

Tipp: Trinken Sie täglich 100 ml Aroniasaft mit einem Schuss Zitrone und mit Wasser verdünnt.

Artischocken liefern viel Cynarin, dieser Bitterstoff verleiht dem Gemüse seinen herben Geschmack. Er wirkt cholesterinsenkend, beugt Gallensteinen vor und regt den Gallenfluss aus der Leber an. Außerdem wirkt er harntreibend und kurbelt die Verdauung an.

Die Artischocke ist auch reich an den Vitaminen C und B_1, dem Provitamin A sowie den Mineralien Eisen, Kalzium und Magnesium und dem Kohlenhydrat Inulin, einem löslichen Ballaststoff, der für die Darmgesundheit sehr wertvoll ist und ein angenehmes Sättigungsgefühl vermitteln kann.

Avocado gehört zu den fettreichsten Früchten überhaupt und ist daher auf den ersten Blick alles andere als ein Schlankmacher. Doch ihre hochwertigen ungesättigten Fettsäuren, das wertvolle Eiweiß und eine spezielle Kohlenhydratart, die Mannoheptulose, die den Blutzuckerspiegel nicht anhebt, sondern senkt und dabei besonders Nerven und Gehirnzellen versorgt, machen diese Steinfrucht zu einem ganz besonderen Lebensmittel. Dennoch darf man bei ihrem Genuss nicht ihre enorme Energie vergessen: 100 Gramm Avocado liefern immerhin 130 Kilokalorien und 12,5 Gramm Fett – das heißt, ein Vollkornbrot mit Guacamole ab und zu ist gut, aber übertreiben Sie es nicht.

Birnen halten schlank, weil ihre Wirkstoffe die Verdauung anregen und den Wasserhaushalt regeln. Außerdem liefern sie Bor, das ebenfalls für eine schlanke Linie sorgen kann, indem es den Testosteronspiegel im Blut anhebt. Auch wenn eine Birne mit rund 73 Kilokalorien einen höheren Nährwert hat als ein Apfel (etwa 68 Kilokalorien), schneidet sie bei den Mineralstoffen besser ab: Sie ist reicher an Phosphor, Kalium und Kalzium. Deshalb wirken Birnen entschlackend und entwässernd und regen den Stoffwechsel an. Wer eine Diät hält, sollte daher eher auf Birnen als auf Äpfel zurückgreifen, da der geringere Säuregehalt dem Magen gut tut. Auch Pfirsiche und Salatgurken liefern Bor.

Bittergurken – ein Gemüse aus der Familie der Kürbisse – senken den Blutzuckerspiegel und helfen beim Abnehmen. Sie werden in der traditionellen indischen Ayurveda-Medizin zur Linderung von Diabetes Typ 2 und zur Behandlung von Verstopfung, Magen- und Leberbeschwerden genutzt. Die zuckersenkende Wirkung der Pflanzen basiert auf den darin enthaltenen Lipiden, der gewichtsreduzierende Effekt dagegen auf den sogenannten Saponinen. Aber das Gemüse, das auch Bittermelone oder Balsambirne genannt wird, soll – so Forschungen – noch weitere Fettkiller-Stärken haben: Es aktiviert die Produktion des Peptidhormons Adiponektin, das die Glukoseverwertung verbessert, die Insulinfreisetzung hemmt und den Abbau von Fettpölsterchen beschleunigt. Untersuchungen haben gezeigt, dass Übergewichtige einen niedrigen Apiponektin-Spiegel haben.

Tipp: Bittergurken sind zwar nur einjährig, wachsen aber auch hierzulande als Kletterpflanze an Wänden und Zäunen sehr gut und haben ein spektakuläres Aussehen.

Rezepttipp für 2 Portionen:
250 g Bittergurke schälen und in kleine Stücke schneiden. Mit etwas Salz einreiben und kurz beiseite stellen. Eine kleine Zwiebel achteln und in Öl bei mittlerer Hitze braun braten, jeweils einen 1/4 TL Bockshornklee, Zwiebelsamen und Garam Masala hinzufügen, 1 TL Mangopulver und 1/4 TL gemahlenen Koriander unterrühren und kurz mitbraten lassen. Dann die Bittergurkenstücke in die Pfanne geben und bei mittlerer Hitze etwa 10 Minuten leicht knusprig braten lassen. Etwa 100 g Joghurt (0,1 % Fett) unterrühren, vom Herd nehmen und zugedeckt noch 5 Minuten ziehen lassen.

Brokkoli gehört nicht nur zu einem der Superstars in der Krebsvorsorge, sondern ist dank seines hohen Vitamin-C- und Kalzium-Gehaltes auch ein guter, gesunder und schmackhafter Fettverbrenner. Die meisten im Brokkoli enthaltenen bioaktiven Wirkstoffe sind besonders hitzeempfindlich, deshalb sollten Sie sie immer so kurz wie möglich dünsten oder nur ein wenig blanchieren. Und: Nicht nur die Röschen, sondern auch der Stiel ist verwendbar. Einfach mit einem Hobel dünne Blätter abscheiden, kurz blanchieren, mit kaltem Wasser abschrecken und mit Salat, Tomaten und Petersilie einen Salat daraus machen.

Chicorée zählt zu den besonderen Fettkillern. Er ist kalorienarm, enthält Mineralstoffe und Spurenelemente wie z. B. Kalium, Magnesium und Mangan und ist ein wichtiger Vitaminlieferant. Sein Bitterstoff Intybin unterstützt Leber und Galle, sorgt für eine gesunde Darmflora, stimuliert die Magensäfte, aktiviert die Milz und die Bauchspeicheldrüse, senkt das Cholesterin und wirkt gegen hohen Blutdruck. Es kurbelt außerdem die Verdauung und den Stoffwechsel an. Die besten und meisten Bitterstoffe sitzen im Mittelkeil am Wurzelende, sie sollte man also nicht wegschneiden.

Fenchel ist ein gesundes Gemüse. Seine ätherischen Öle leisten vor allem bei Erkältungskrankheiten gute Dienste. Sie lösen Schleim, befreien die Atemwege und ersticken Krankheitserreger bereits im Keim. Zudem ist Fenchel sehr kalorienarm, es regt die Verdauung an, hilft bei Darmbeschwerden und zügelt das Hungergefühl. Außerdem liefert die Knolle doppelt so viel Vitamin C wie Orangen – was sie eben zum guten Fettkiller macht. Manche schwören auch auf Fencheltee zum Frühstück, damit der Bauch schön flach wird bzw. bleibt.

Grapefruits regen den Stoffwechsel an und gelten als Parade-Fatburner. Eine Studie in Kanada hat gezeigt, dass der Genuss der bitteren Frucht, die übrigens sehr viel vom schlank machenden Vitamin C enthält, die Ausschüttung von Insulin reduzieren kann und dadurch die Fettspeicherung behindert. Und sie bieten einen zusätzlichen Pluspunkt beim Abnehmen: Ihre Bitterstoffe werden in der Traditionellen Chinesischen Medizin gegen Heißhunger und Gier nach Süßem eingesetzt. Wesentlich wirkungsvoller, weil viel konzentrierter, soll Grapefruitkernextrakt sein, das es in Reformläden und Apotheken gibt.

Achtung: Grapefruits können die Wirkung sehr vieler Medikamente beeinträchtigen, im Zweifelsfall Arzt oder Apotheker fragen.

Hülsenfrüchte sind, obwohl einige viele Kalorien liefern, hochpotente Fettkiller. Denn sie enthalten jede Menge Ballaststoffe und pflanzliches Eiweiß. Zudem tragen auch ihre Minerale, Vitamine und andere Inhaltsstoffe zur effektiven Fettschmelze bei, Bohnen enthalten z. B. Glukokinine, die nachweislich den Blutzucker senken und so den Fettabbau fördern. Als bester und vor allem verträglichster Fettkiller gelten Kichererbsen. Sie enthalten einiges an Eisen, Zink, Phosphor, Kalium, Magnesium und die Aminosäure Lysin. Nicht umsonst ist ein Kichererbsenpüree in den südlichen Ländern eine beliebte Fastenspeise.

Knoblauch ist ein Fitmacher und großer Freund der schlanken Figur. Neben vielen gesunden Vitalstoffen heißt sein Hauptwirkstoff Alliin, bei dessen Abbau Schwefelverbindungen entstehen, die für diese gesunden Effekte verantwortlich sind. Sie können das Blut verdünnen, die Gefäße elastisch halten, die Blutfette senken, sie wirken entzündungshemmend, antimykotisch und stärken zudem das Immunsystem. Daher ist Knoblauch eine zwar stinkende, aber hochpotente Prophylaxe vor allem gegen Herz-Kreislauf-Erkrankungen. Beim Abnehmen ist Knoblauch deshalb so interessant, weil er die Fettverdauung in Schwung bringt und den Organismus ziemlich wirkungsvoll bei der Entgiftung unterstützen kann. Für all diejenigen, die eine Abneigung gegen die mehr oder weniger heftigen Ausdünstungen von Knoblauch hegen, empfehlen sich Tabletten oder Pulver.

Koffein ist nicht nur ein guter Wachmacher, sondern stimuliert auch die Fettverbrennung. Studien haben gezeigt, dass einige Stunden nach dem Koffeinkonsum den Muskeln vermehrt Fettsäuren als Energiequelle zur Verfügung stehen. Aber: Werden diese Fettsäuren nicht durch Bewegung verbrannt, dann werden sie wieder eingelagert. Außerdem steigert Koffein die Wärmeproduktion des Körpers und der Stoffwechselumsatz des Körpers wird somit etwas erhöht. Dieser Effekt ist aber nur minimal, das heißt, das Koffein von einer Tasse Kaffee steigert den Energieverbrauch um etwa zehn Kilokalorien. Manche Diätexperten raten für die bestmögliche Fett-weg-Wirkung zu einem starken Kaffee oder Espresso nach dem Essen – aber natürlich ohne Milch, Zucker oder Schlagobers. Übrigens: Koffein ist nicht nur im Kaffee enthalten, auch Tee, Coca-Cola und andere Getränke liefern Koffein.

Schalten Sie den Stoffwechsel-Turbo an: Die Fettkiller-Strategie

Die besten Fett-weg-Kräuter

Bärlauch riecht und wirkt ähnlich wie Knoblauch. So beugt er nicht nur Arteriosklerose vor, sondern kurbelt auch den Stoffwechsel ordentlich an.

Tipp: Achtung beim Sammeln, er sieht dem giftigen Maiglöckchen zum Verwechseln ähnlich.

Brennnesseln sind das beste „Unkraut" und liefern Kalzium, Kalium, Kieselsäure, Aminosäure und Flavonoide, die alle den Stoffwechsel ankurbeln. Außerdem enthalten Brennnesseln viel Vitamin C für den Fettabbau. Sie verbessern die Verdauung, helfen beim Entgiften und entwässern sehr gut. Ein Tee-Aufguss wirkt noch besser und stoppt auch die Lust auf Süßes.

Beifuß feuert den Fettabbau und die Durchblutung regelrecht an. Seine verdauungsfördernde Wirkung hat sich vor allem beim Würzen fetter Speisen sehr bewährt.

Basilikum hilft bei der Entwässerung und bei Verstopfung und Blähungen. Außerdem wird ihm eine stimmungsaufhellende und stimulierende Wirkung nachgesagt – was ja auf dem Weg zur guten Figur auch ziemlich wichtig ist.

Borretsch, der „Gurkenkönig", schmeckt nicht nur sehr gut, sondern hilft auch beim Entgiften. Zudem macht ihn sein hoher Vitamin-C-Gehalt zum echten Schlankessen. Übrigens: Seit altersher gilt Borretsch als Lebensgeist-Wecker und soll auch so manche Melancholie vertreiben.

Estragon hat eine gallenfluss- und verdauungsfördernde sowie harntreibende Wirkung, außerdem ist das Kraut reich an Magnesium, das ja als bestes Schlankmacher-Mineral gilt. Man unterscheidet deutschen und russischen Estragon, der deutsche ist kräftig im Geruch und etwas milder im Geschmack, der russische weniger kräftig im Geruch und etwas herber im Geschmack.

Gänseblümchen enthalten viele Biostoffe, die den Stoffwechsel aktivieren. Ein Gänseblümchen-Tee wirkt blutreinigend und regt Leber und Galle an: Für 1 Tasse Tee 2 TL frisch gepflückte Gänseblümchen (Blüten und Blätter) mit 250 ml Wasser aufbrühen, 10 Minuten ziehen lassen, abseihen und trinken.

Kresse wirkt harntreibend und darmreinigend. Die Kresse enthält neben Vitamin C auch Kalzium, Folsäure, Magnesium, Jod, Phosphor, Vitamin B und Eisen. Durch den Gehalt an Senfölen werden die Harnwege desinfiziert und der Harnfluss angeregt. Darüber hinaus liefert uns die Kresse wertvolles Jod, das vor allem für die Schilddrüse unentbehrlich ist. Die (schlanke) Schauspielerin Liz Hurley ist ein großer Fan der Brunnenkresse-Suppe.

Kerbel hilft bei der Entgiftung und regt mit Vitamin C, Carotin, Magnesium und Co die Verdauung und den Blutkreislauf an. Als Tee soll Kerbel leicht abführend wirken. Wird traditionell als Stärkungsmittel nach der Fastenzeit, am Gründonnerstag, gegessen.

Liebstöckel oder Maggiekraut ist für seine entwässernde Wirkung bekannt. Auch bei Verstopfung und Blähungen hat er sich bewährt. Liebstöckel ist eines der wenigen Kräuter, die mitgekocht werden sollten und dabei kaum etwas von ihrer Würzkraft einbüßen.

Löwenzahn (Kuhblume, Pusteblume), vor allem die jungen Blätter auf den Frühlingswiesen, liefert wichtige Bitterstoffe, die verdauungsfördernd, bindegewebsstärkend, harntreibend und entgiftend sind.

Minze regt die Leber und den Gallenfluss an und wirkt fast wie eine Art Betäubungsmittel auf die Magenschleimhaut und vermindert so quälende Hungergefühle bei der Kalorienreduktion, das heißt, Minze ist für alle Schleckermäuler unverzichtbar. Die New Yorker Ernährungswissenschaftlerin Cynthia Sass hat sogar einen Schlanktrunk damit entwickelt, der in den USA im Moment das Angesagteste vom Angesagten ist.

Rezepttipp:
Abends in zwei Liter Wasser 2–3 cm frisch geriebenen Ingwer, eine in Scheiben geschnittene Gurke, eine in Scheiben geschnittene Zitrone und 12–15 Minzeblätter geben, über Nacht im Kühlschrank ziehen lassen und am nächsten Tag über den Tag verteilt trinken.

Petersilie sorgt dank seines hohen Vitamin-C-Gehaltes für ein straffes Bindegewebe und einen Top-Schlankeffekt. Und es schmeckt quasi zu allem wunderbar. Damit sich diese Wirkung entfalten kann, muss die Petersilie jedoch roh genossen werden, da die Vitamine beim Kochen zerstört werden.

Rosmarin hilft dem Kreislauf, zügelt den Appetit und wirkt direkt an den Fettpolstern.

Tipp: Einen TL Rosmarinnadeln mit 250 ml Wasser aufgießen. Das ergibt einen guten Tee zum Abnehmen.

Schafgarbe liefert progesteronähnliche Hormone und ist daher völlig zu Recht in der Frauenheilkunde so beliebt. Sie wirkt gegen Verstopfung, hilft gegen krampfartige Verdauungsbeschwerden und reguliert auch den Blutzuckerspiegel. Außerdem hilft sie ein wenig gegen einen zu hohen Östrogenspiegel und kann dadurch indirekt eine Hilfe beim Abnehmen sein.

Schnittlauch reinigt das Blut, vertreibt die Frühjahrsmüdigkeit, fördert die Verdauung, wirkt harntreibend und desinfizierend und übt einen positiven Einfluss auf die Blutgefäße aus. Zudem kurbelt sein Vitamin C (ca. 50 mg/100 g) die Fettverbrennung zusätzlich an. Bitte immer erst auf das fertig Essen streuen und niemals mitkochen, sonst sind alle guten Wirkstoffe dahin.

Nina Hagen hat in den 1980er-Jahren schon von Weizengrassaft geschwärmt. Der Geschmack ist zwar etwas gewöhnungsbedürftig, aber der grüne Trunk aus Weizengrashalmen (gibt es im Reformladen oder man zieht es ganz einfach auf der Fensterbank selbst) kann Gesundheit und Figur gut unterstützen: Er entgiftet, reinigt das Blut und kurbelt den Stoffwechsel an.

Kräuter und Gewürze (siehe Seite 114) sind eine elegante Lösung, um das Essen zum Fettkiller umzufunktionieren. Sie sorgen nicht nur für ein feines Aroma, sondern haben teilweise auch enorme Wirkung auf den Organismus.

Papaya ist eine sehr gesunde Frucht, ihr Baum wird in Südamerika auch Baum der Gesundheit genannt. Auch wenn „unsere" Papayas nicht annähernd so viele Inhaltsstoffe wie baumgereifte Früchte aufweisen, kann es nicht schaden, öfter diese orange Frucht zu genießen. Sie ist basisch (ideal bei Sodbrennen), liefert Vitamine und Mineralstoffe, unterstützt die Verdauung und bewirkt eine verbesserte Aufnahme von Vitalstoffen aus der Nahrung. Das Wichtigste für die Figur: Sie liefert auch eine gute Portion des eiweißspaltenden Enzym Papain und sorgt somit dafür, dass das Eiweiß zur Zelle kommt und dort den Fettanbau ankurbeln kann.

Tipp: Wer eine geballte Ladung Papaya-Power haben will, kann das wohlschmeckende Caricol (ein Konzentrat nach buddhistischem Rezept, www.caricol.com) versuchen (in der Apotheke erhältlich).

Paprika haben nicht nur wenige Kalorien (19 kcal/100 g), sondern auch eine Vielzahl toller Vitalstoffe, die unterschiedlich auf die Figur wirken. Zu allererst liefern sie besonders viel Vitamin C, das die Fettverbrennung in den Zellen ankurbelt. Paprika haben aber auch eine entgiftende Wirkung und regen die Magensaftbildung und damit die Verdauung an, wodurch ebenfalls die Gewichtsreduktion unterstützt wird. Darüber hinaus liefern die meisten Gemüsepaprika – auch wenn sie nicht scharf sind – einiges Capsaicin, das ja als Parade-Fettkiller gilt (siehe Chili Seite 124).

Pflaumen sollen angeblich der Figurtrick von Demi Moore sein, natürlich neben all den viel invasiveren Methoden. Hauptgrund für den schlank machenden Effekt von Pflaumen ist der hohe Anteil von Kalium (220 mg/100 g), das entwässernde Wirkung hat, den Blutdruck senkt und die Insulinproduktion anregen kann. Frische Pflaumen besitzen außerdem eine harntreibende Wirkung und ihre Ballaststoffe machen nicht nur satt, sondern binden im Darm überschüssiges Fett und sorgen so nicht nur für eine gute Figur, sondern regulieren auch den Cholesterinspiegel. Aktuelle Forschungen zeigen, dass diese Vitaleffekte bei Trockenfrüchten noch viel höher sind, schneiden Sie daher Pflaumen ins morgendliche Müsli.

Tipp: Wenn Sie schon naschen, dann entweder Pflaumenkuchen oder Trockenpflaumen.

Rezepttipp:
Figurfreundlicher Zwetschkenfleck
225 g Magertopfen (Magerquark)
4 EL Rapsöl
60 ml Milch (0,1 % Fett)
1 Prise Salz
200 g Sukrin
450 g Mehl
1 Pkg. Backpulver
2 kg Pflaumen entkernt und halbiert
1 TL Staubzucker (Puderzucker)

Topfen mit Öl, Milch, Salz und Sukrin verrühren. 440 g Mehl und Backpulver mischen und alles zu einem glatten Teig verkneten. Den Teig ausrollen und auf ein mit Backpapier ausgelegtes Backblech legen. Mit den Pflaumen belegen. Den Kuchen im vorgeheizten Backofen bei 180 °C (Gas: Stufe 2, Umluft: 160 °C) auf der mittleren Schiene ca. 35 Minuten backen, auskühlen lassen und mit Staubzucker bestäuben.

Rettiche und Radieschen: Die schwefelhaltigen Senföle sind nicht nur verantwortlich für den scharfen Geschmack, sondern auch für die Heilwirkung. Rettiche aller Art sind antibakteriell und antimykotisch wirkende Heilkost für Magen und Darm, ihr hoher Kaliumgehalt in Verbindung mit durchblutungsfördernden Powerstoffen wirkt entwässernd und harntreibend und seine Ballaststoffe binden Gifte und Fettsubstanzen. Das macht ihn zum idealen Lebensmittel beim Abspecken.

Tipp: Raspeln Sie viel Rettich und/oder Radieschen über einen Salat oder trinken Sie Rettichsaft: 1/2 Kilogramm Rettich im Entsafter auspressen, über den Tag verteilt in kleinen Mengen trinken. Achtung beim Einkauf: Leider können Rettiche – je nach Anbaugebiet – stark nitrathaltig sein, daher lieber beim Biobauern oder im Bioladen kaufen.

Die besten Abnehm-Tees

Brennnesseltee ist seit langem als Heilmittel bekannt. Die Mineralstoffe und Pflanzenstoffe der Brennnessel wirken entwässernd, die ätherischen Öle und das in den Orangen enthaltene Vitamin C unterstützen den Fettabbau. Die Schale von 1/2 Orange schälen und den Saft auspressen. Die Schale mit 2 EL getrockneten Brennnesselblättern und 2–3 Gewürznelken mit 500 ml kochendem Wasser übergießen, ca. 10 Minuten ziehen lassen, abseihen und mit Orangensaft aufspritzen.

Grüner Tee ist der geheime Favourit der Teeliebhaber. Kaum eine andere Flüssigkeit wurde so sehr von der Wissenschaft unter die Lupe genommen. Und wie sich herausstellte, scheinen fast alle Mythen wahr zu sein. Wie eine Studie des Deutschen Instituts für Ernährungsforschung jüngst zeigte, hilft grüner Tee wirklich beim Abnehmen, da er einen hohen Anteil des aktiven Katechin EGCG (Epigallocatechingallat) aufweist. Das hilft dabei, schneller ein Sättigungsgefühl zu erzeugen, indem es die Nahrungsaufnahme im Darm verringert, beschleunigt die Fettverbrennung, sorgt dafür, dass der Blutzuckerspiegel konstant bleibt und schützt damit wirkungsvoll gegen plötzliche Heißhungerattacken.
Auch beim Abbau von dick machendem Zucker soll grüner Tee äußerst wirksam sein. Seine Biostoffe blockieren bestimmte Enzyme und sorgen somit dafür, dass Zucker nicht in Fettzellen angelagert, sondern als Energie verbrannt wird.

Tipp: Wer nicht so viel trinken will oder kann, aber nicht auf die Vorteile von grünem Tee verzichten will, sollte auf ein Grün-Tee-Extrakt zurückgreifen. Es sollte zu mindestens 94 Prozent aus reinem EGCG (Epigallocatechingallat) im Trockenzustand bestehen.

Ingwertee. Die Scharfstoffe des Ingwers und das Vitamin C der Zitrone steigern die Fettverbrennung. Hibiskustee hat eine leicht entwässernde und entgiftende Wirkung.

Rezepttipp:
Schale von 1/2 Bio-Zitrone abreiben, Zitronenhälfte auspressen, ein haselnussgroßes Stück Ingwer abbürsten und in Scheiben schneiden. 2 EL Hibiskustee, Ingwer, Zitronensaft und -schale mit 500 ml kochendem Wasser übergießen. Ca. 5 Minuten ziehen lassen. Tee durch ein feines Sieb gießen.

Schwarzer Tee ist nicht der Diät-Star wie sein grüner Kollege, liefert aber dennoch Wertvolles für die Figur. Durch die Fermentation sind zwar die meisten Katechine abgebaut, aber schwarzer Tee punktet mit dem Blutzucker-stabilisierenden Spurenelement Chrom – je nach Anbau, Herkunft und Verarbeitung liefern schon 100 ml schwarzer Tee um die 100 µg Chrom. Eine schmackhafte Variante ist Scharfer Schwarztee. Chili und das Koffein des schwarzen Tees kurbeln den Stoffwechsel und die Energiebilanz kräftig an. Der Zimt reduziert den Hunger und wirkt der Lust auf Süßes entgegen.

Rezepttipp:
1 kleine rote Chilischote längs aufschneiden, entkernen und in Ringe schneiden. 2 TL schwarzen Tee, Chiliringe und 1 Zimtstange mit 500 ml heißem Wasser übergießen und nicht länger als 3–4 Minuten ziehen lassen und durchseihen.

Wechseljahre-Mix Diese Mischung schmeckt wirklich lecker und kann vor allem zu Beginn der Wechseljahre dem Progesteronmangel (Gelbkörperhormon) entgegenwirken und so das Abnehmen begünstigen. Schafgarbe und Frauenmantel wirken in dieser Mischung in erster Linie progesteronähnlich, die Schafgarbe aber auch blutzuckersenkend und verdauungsfördernd. Die Birkenblätter übernehmen eine harntreibende Wirkung und helfen, den Blutzucker zu senken. Die Melisse bringt einen frischen Zitronengeschmack, hilft gegen Stimmungsschwankungen und entkrampft die Verdauungsorgane.

Rezepttipp:
25 g Schafgarbenkraut, 25 g Frauenmantelkraut, 25 g Birkenblätter, 25 g Melissenkraut – jeweils 1 EL der Mischung mit 500 ml heißem Wasser aufbrühen, 10 Minuten ziehen lassen und abseihen.

Weißer Tee wird aus den Knospen und jungen Trieben der Teepflanze gewonnen und ist am wenigsten künstlich verändert. Eine Studienreihe der deutschen Beiersdorfer AG hat erst kürzlich ergeben, dass ein Extrakt aus weißem Tee nicht nur die Bildung neuer Fettzellen (Adipozyten) behindert, sondern auch den Fettabbau in den vorhandenen reifen Fettzellen unterstützt. Diese Ergebnisse gelten natürlich nur für das Extrakt, dennoch kann es auch niemals schaden, einen guten weißen Tee zu trinken.

Tipp: Bei weißem Tee werden, ähnlich wie bei grünem Tee, immer wieder Pestizidrückstände gefunden. Es empfiehlt es sich daher, Tee aus kontrolliert biologischem Anbau zu kaufen.

Sauerkraut ist durch Milchsäuregärung konserviertes Weißkraut (Weißkohl) oder Spitzkohl. Es schmeckt nicht nur hervorragend, sondern macht mit wenigen Kilokalorien sehr satt (20 kcal/100 g). Der große Vorteil des Krauts ist aber seine positive Wirkung auf unser Verdauungssystem. Es reinigt den Darm und unterstützt gleichzeitig dank probiotisch wirkender Milchsäurebakterien den Aufbau einer gesunden Darmflora. Damit werden nicht nur die Abwehrkräfte und die gesamte Gesundheit gestärkt, sondern auch die Weichen für einen aktiven Stoffwechsel gestellt.

Tipp: Sauerkraut niemals waschen, höchstens abtropfen lassen und den Saft auffangen. Diesen können Sie vor einer Mahlzeit als Aperitif trinken oder warmen Krautgerichten (statt Brühe) nach dem Andünsten wieder zugießen.

Sellerie, egal ob Knolle oder Stange, ist ein figurfreundliches Gemüse. Seine ätherischen Öle sind nicht nur für den würzigen Geschmack verantwortlich, sondern senken auch den Blutdruck und die enthaltenen Terpene hemmen das Wachstum schädlicher Pilze und Bakterien. Aber Sellerie liefert auch viele Vitamine wie B_1, B_2, B_{12}, C und E, wertvolle Mineralstoffe wie Kalzium und Eisen. Er fördert dank seines hohen Kaliumgehaltes die Entwässerung, regt allgemein den Kreislauf und den Stoffwechsel an, wirkt belebend und fördert die Magensäurebildung.

Achtung: Nierenkranke sollten Sellerie nicht in zu großen Mengen verzehren. Tipp: Verfeinern Sie Kartoffelpüree mit Knollensellerie – das schmeckt wunderbar.

Spargel hat pro 100 Gramm nur 15 Kilokalorien, allein dieser Umstand macht die Stange zum Top-Figur-Genuss. Aber er hat noch weitere Vorteile: Dank des hohen Kaliumgehalts (bis zu 280 mg/100 g) wirkt er stark entwässernd – und mit dem Wasser purzeln auch die Pfunde. Dadurch wird der Körper entgiftet, was nicht nur der Figur, sondern auch der Haut gut tut. Zusätzlich aktivieren auch seine Fruchtsäuren den Stoffwechsel und kurbeln somit die Fettverbrennung an. Der hohe Ballaststoffgehalt fördert die Verdauung und der hohe Vitamin-C-Gehalt (Schale ist reicher an Vitamin C als das Markgewebe) hilft auch beim Fettabbau mit.

Tee (siehe Seite 118) gilt seit jeher als Top-Fettkiller und Hungerstiller. Es ist das Zusammenspiel seiner tausenden Aromen, die nicht nur gut schmecken, sondern auch für die Figur nützlich sind. Die Vitamine, Gerbstoffe, Alkaloide, Bitterstoffe und Flavonoide haben alle eine mehr oder weniger fettschmelzende Wirkung. Ein „Hungerstiller-Tipp" von F. X. Mayr: Wenn Sie abends nichts mehr essen und der Hunger quält, dann löffeln Sie eine Tasse Tee. Durchs Löffeln wird dem hungrigen Gehirn das Essen vorgegaukelt – und das stillt, man glaubt es kaum, wirklich ein bisschen den Hunger.

Eigentlich kann jeder Tee den Stoffwechsel unterstützen, aber manche Tees können ein wenig mehr. So soll eine Tasse Kräutertee nach dem Essen die Verdauung besser anregen als jeder Espresso oder Schnaps, so sagen Teefans und Ernährungskundige. Ob das stimmt oder nicht; schmecken tut ein guter Tee auf alle Fälle und er ist sicher gesünder für die Figur als der beste Schnaps. Typische verdauungsfördernde Tees sind Pfefferminztee, Kamillentee oder auch ein Kümmeltee – aber es muss nicht immer ein sortenreicher Tee sein. Gute Teemischungen lassen sich ganz einfach selber machen, es kommt auf den Geschmack und einen Versuch an.

Tomaten enthalten neben 95 Prozent Wasser auch viele Vitamine (A, B_1, B_2, C, E und Niacin), sekundäre Pflanzenstoffe, Mineralien und Spurenelemente, wobei das entwässernde Kalium und die Fettkiller Magnesium, Kalzium, Eisen und Zink der Figur besonders gut tun – das Ganze bei gerade mal 17 Kilokalorien pro 100 Gramm. Berühmt ist die Tomate aber für den Farbstoff Lycopin – der ist allerdings mehr in Tomatensaft bzw. in erhitzten Tomaten als in frischen Tomaten enthalten. Dieser Stoff soll, so eine Studie des Instituts für Ernährungsphysiologie in Karlsruhe, nicht nur das LDL-Cholesterin deutlich verringern und dazu beitragen, dass oxidative Schäden der DNA gemindert werden, sondern auch wunderbar gegen Heißhunger helfen. Tomatensaft soll leicht warm getrunken werden, dann sättigt er besonders schnell.

Achtung: Handelsüblicher Tomatensaft ist oft schon leicht gesalzen, deshalb greifen Sie zum Nachwürzen besser zu frischem Basilikum oder Koriander, Zitrone oder Pfeffer. Wer den Tomatensaft gerne scharf trinkt, kann mit einem Tropfen Tabasco nachhelfen. Lycopin nimmt unser Körper besser auf, wenn Fett mit von der Partie ist: Ein Tropfen Öl, am besten Olivenöl, rundet die Ersatzmahlzeit bzw. Zwischenmahlzeit wunderbar ab.

Wassermelonen sind offenbar gute Fettkiller, berichtet das US-amerikanische „Journal of Nutritional Biochemistry". Danach nimmt man bis zu 30 Prozent weniger zu, wenn man zu fettem Essen ein großes Stück Wassermelone isst oder 500 ml der Melonen-Smoothie (ohne Zucker und anderer Zusätze) trinkt. Ursache des Fettkiller-Effekts ist die in den Melonen enthaltene Aminosäure Citrullin, die den Cholesterinspiegel reguliert.

Weißkraut (Weißkohl) ist nicht nur in der berühmten Magic Soup der Hit. Studien haben gezeigt, dass regelmäßiger Kohlgenuss auch die Darmflora stärkt, die Verdauung fördert und sogar gegen Magengeschwüre helfen soll. Auf alle Fälle bringt es das gesamte Immunsystem auf Vordermann und hilft dem gesunden Abnehmen ordentlich auf die Sprünge. Alle Kohlarten liefern etwas Eiweiß, wenige Kohlenhydrate und kaum Kalorien – dazu kommen viele Fettkiller: Magnesium, Kalzium, Eisen, Jod, Zink, Kalium, Senföle etc. Zudem wird Weißkohl von Naturärzten sehr oft als Hilfsmittel zum Muskelaufbau empfohlen.

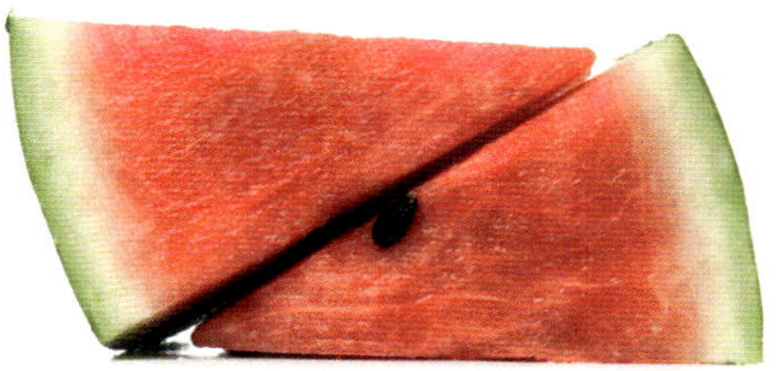

Die Kohlsuppen-Diät

ist eine richtige Crash-Diät und ernährungsmedizinisch sowie in puncto Gesundheit absolut nicht empfehlenswert. Aber sie ist effektiv und eine Woche Kohlsuppe lässt die Pfunde ordentlich purzeln! So können innerhalb einer Woche bis zu fünf Kilo verschwinden (zwar mehr Wasser als Fett, aber immerhin) und das ist eine tolle Motivation, vor allem am Anfang einer Diät. Dennoch bitte nicht in Versuchung führen lassen und diese einseitige Diät niemals länger als eine Woche machen, denn sonst kann es ganz schnell zu Mangelernährung kommen – und das wäre nicht nur für die gute Figur sehr schlecht.

Für die Suppe braucht man einen Kopf Weißkraut (Weißkohl), 6 Zwiebeln, 1 kg Karotten, zwei Paprika, 8 Tomaten (geschält) und 1 Stange Stangensellerie. Zusätzlich kann die Suppe nach Geschmack noch mit verschiedenen Kräutern oder Gewürzen (kein Salz, kein Zucker!) wie z. B. Petersilie oder Chilipulver verfeinert werden. Die Zutaten werden gewaschen, geschält und mit mindestens 5 Liter Wasser in einem Kochtopf vermischt. Anschließend wird die Suppe ca. 5 bis maximal 10 Minuten gekocht und danach muss sie ca. 20 Minuten ziehen oder sanft köcheln. Im Internet oder diversen Bücher gibt es viele sehr schmackhafte Abwandlungen – einfach googeln und probieren.

Die Kohlsuppe können Sie jederzeit essen – je mehr, desto besser. Tipp von einem Fitnesstrainer: Wenn man die Suppe vor allem gegen Ende der Woche nicht mehr essen kann, dann in einem Mixer einen Saft daraus machen und trinken. Und übrigens: Alkohol, Limonaden und Getränke mit Kohlensäure sind in dieser Woche absolut tabu.

Tag 1

Neben der Kohlsuppe dürfen verschiedene Obstsorten, ausgenommen Bananen und Honigmelonen, gegessen werden.

Tag 2

Heute ist gedämpftes oder rohes Gemüse angesagt. Ausnahme: Mais und Erbsen. Am Abend gibt es eine gedämpfte Kartoffel mit etwas Magertopfen (Magerquark).

Tag 3

Heute darf sowohl Obst als auch Gemüse gegessen werden.

Tag 4

Die Lust auf Süßes sollen bis zu drei Bananen und 250 ml Magermilch stillen – natürlich neben möglichst viel Kohlsuppe.

Tag 5

Heute gibt es Fleisch: 200 Gramm Geflügel oder Fisch – natürlich nicht paniert und mit möglichst wenig bis gar keinem Fett zubereitet. Dazu dürfen es drei bis vier gedünstete Tomaten sein.

Tag 6

Auch am vorletzten Tag sollen es noch einige Portionen Kohlsuppe sein, dazu gibt es aber auch ein mageres Stück Steak mit gedämpftem Gemüse oder etwas Salat.

Tag 7

Der letzte Tag wird mit einem guten Stück Steak, diesmal mit Reis und Gemüse, gefeiert. Dabei dürfen Sie aber nicht vergessen, viele Teller Kohlsuppe zu essen, auch wenn es schon richtig schwer fällt.

Yams ist eine tropische Kletterpflanze, deren knollenartige Wurzeln in Afrika zu den Grundnahrungsmitteln gehören. In der Naturheilkunde werden sie zur allgemeinen Stärkung, als Anti-Aging-Mittel und bei Wechseljahresbeschwerden eingesetzt. Die in Yams enthaltene hormonähnliche Substanz Diosgenin kann Hitzewallungen vorbeugen, die Knochen stärken und Krämpfen entgegenwirken und als sogenanntes Pflanzenhormon jedes hormonelle Ungleichgewicht regulieren. Somit hat Yams auch direkten Einfluss auf die Gewichtszunahme in den Wechseljahren, denn seine natürlichen Dopamine wirken quasi wie ein „Testosteronbeschleuniger“ und Fatkiller zugleich. So wird nicht nur der Fettstoffwechsel reguliert, sondern nebenbei auch die Libido und das gesamte Wohlbefinden gesteigert. Übrigens: Yamswurzel soll das Geheimnis für die Schnelligkeit von Usain Bolt, dem jamaikanischen Sprinter und Olympiasieger, sein. Der Geschmack der Yamswurzel ähnelt am ehesten demjenigen von Maroni, Kartoffeln und Süßkartoffeln – also relativ neutral bis angenehm süßlich. Yamswurzeln werden ähnlich wie Kartoffeln zubereitet und gegessen. Sie werden geschält, dann in Würfel geschnitten und gedünstet oder in Salzwasser gekocht; oder als dünne Scheiben geröstet oder frittiert. In Afrika werden die gekochten Knollen zu Brei (Fufu) gestampft, in Japan meist gerieben verzehrt.

Achtung: Wie auch die Kartoffel darf Yams nicht roh gegessen werden.

Zwiebeln sind unverzichtbar in der schlanken Küche. Verantwortlich dafür ist ihre Schwefelverbindung Isoalliin. Diese sorgt für die Entwässerung und Entgiftung des Körpers, fördert die Verdauung, senkt den Blutzuckerspiegel und kurbelt den Stoffwechsel und die Fettverbrennung an. Wie das funktioniert? Die Schwefelverbindungen sind am Aufbau der schwefelhaltigen Aminosäure Cystein beteiligt. Aus Cystein wiederum kann der Körper gemeinsam mit Methionin die Aminosäure Taurin aufbauen. Dieses Taurin aktiviert die Hirnanhangsdrüse dazu, bestimmte Hormone auszuschütten, die für den Fettabbau zuständig sind.

Tipp: Alle Zwiebeln sind gesund, aber rote Zwiebeln machen eindeutig das Rennen.

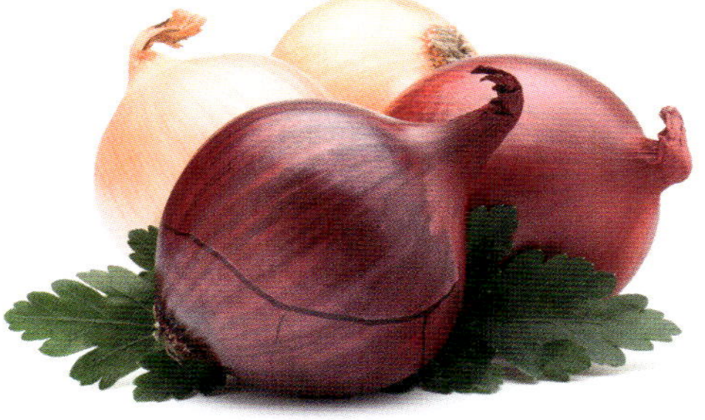

Die besten Fett-weg-Gewürze

Chili heizt den Fettzellen ordentlich ein. Verantwortlich dafür ist das Capsaicin, das in allen Paprikafrüchten vorkommt. Durch die Schärfe wird die Wärmeproduktion im Körper um bis zu 25 Prozent erhöht und so vermehrt Energie verbraucht. Unser Körper gleicht den Anstieg der Temperatur durch Schwitzen aus. Der Schweiß auf der Haut verdunstet, und der Körper kann durch die Verdunstung wieder abkühlen. Dieser Vorgang verbraucht Energie und macht Chili damit zum Meister der Fettverbrennung. Zudem regt er auch die Speichel- und Magensaftbildung an und sorgt für eine bessere Durchblutung der Schleimhäute, auch so wird die Verdauung gefördert.

Info:
Die Schärfe von Chilischoten und anderen Früchten der Gattung Capsicum misst man mit den sogenannten Scoville-Einheiten. Diese Skala wurde 1912 vom amerikanischen Pharmakologen Wilbur L. Scoville entwickelt. Die Gemüsepaprika hat 0 Scoville-Einheiten. Peperoni schon 10 bis 500. Bei den Chilischoten wird es richtig scharf: Die „Red Savina", eine spezielle Sorte der Habanero-Chilis, kommt auf ca. 577 000 Scoville-Einheiten und steht damit sogar im Guinness Buch der Rekorde. Diese Chilischote sollte man wohl lieber nicht essen.

Ingwer kurbelt den Stoffwechsel an und hat eine entwässernde Wirkung. Der medizinisch wirksame Bestandteil ist das so genannte Oleoresin, ein zähflüssiger Balsam, der aus ätherischen Ölen und Scharfstoffen, den Gingerolen und Shogaolen, besteht. Diese wirken Brechreiz und Übelkeit entgegen, sie verringern das Risiko von Blutgefäßverschlüssen und Arteriosklerose, unterstützen das Immunsystem und fördern den Stoffwechsel.

Ingwer kann auch als Tee sehr gut genossen werden: Einfach die Wurzelknollen des Ingwers in Scheiben (nicht schälen, nur bürsten) zerschneiden, mit heißem Wasser übergießen, ein paar Minuten ziehen lassen und abseihen.

Kren (Meerrettich) enthält unter anderem den Wirkstoff Sinigrin (Senfölglycosid), der den Stoffwechsel in Schwung hält und dafür sorgt, dass die Nahrung besser verwertet wird und effizienter abgebaut werden kann.

Kümmel enthält Terpene und ätherische Öle, die im Magen-Darm-Trakt beruhigend und entkrampfend wirken und die Verdauung beschleunigen. Außerdem regt Kümmel die Magensaftproduktion an und wirkt antiseptisch.

Pfeffer enthält den Scharfmacher Piperin. Wissenschaftler von der Sejong University in Seoul konnten erst kürzlich feststellen, dass dieser Wirkstoff die Entstehung neuer Fettzellen behindern kann. Schon frühere Studien wiesen darauf hin, dass Piperin den Fettspiegel im Blut senken kann und zusätzlich eine appetitzügelnde Wirkung hat.

Vanille ist nicht direkt ein Fettkiller, kann aber bei einer kalorienreduzierten Ernährung große Dienst leisten. Denn der Duft der aromatischen Schote reduziert den Appetit auf Süßigkeiten. Deswegen kann auch das Riechen an einem ätherischen Öl im Notfall von einer süßen Sünde abhalten (siehe auch Seite 25).

Wacholderbeeren sind nicht nur antiseptisch, sondern können in vielfacher Weise beim Abnehmen helfen. Sie wirken harntreibend, blutreinigend und stärken die Verdauung. Der Stoffwechsel wird angeregt und der Blutzuckerspiegel sanft reguliert. In sehr geringer Menge enthalten Wacholderbeeren auch Phytoöstrogene.

Tipp: Ein Bad mit Wacholder ist nicht nur erfrischend und antirheumatisch, sondern fördert auch die Durchblutung.

Zimt enthält sekundäre Pflanzenstoffe, die in der Lage sind, den Blutzuckerspiegel zu senken – dadurch steigert sich die Fettverbrennung und der erlahmte Stoffwechsel bekommt wieder ordentlich Power. Schon 1/2 TL Zimt pro Tag wirkt Wunder. Zusätzliches Plus: Zimt wirkt entkrampfend und stärkt die Verdauung, Blähungen und krampfartige Verdauungsbeschwerden werden dadurch gelindert.

Tanja Braune
Ruck-zuck Obstküche
Über 150 Rezepte von süß bis pikant:
heimisch, gesund & abwechslungsreich
Ruck-zuck Obstküche
Tanja Braune
kneipp verlag
WIEN

Tanja Braune
Ruck-zuck Suppenküche
100 Rezepte zum Löffeln
Gesund, schlank & vielseitig
PLUS: die schnelle Suppen-Diät
kneipp verlag
WIEN
Ruck-zuck Suppenküche
Tanja Braune